ADMIRABLE

Forajido

JOHN ELDREDGE

Autor de éxitos de ventas del *New York Times*

ADMIRABLE

Forajido

New York   Boston   Nashville

Admirable Forajido
Título en inglés: Beautiful Outlaw
© 2011 por Joel Osteen
Publicado por FaithWords
Hachette Book Group
237 Park Avenue
New York, NY 10017

Copyright © 2011, John Eldredge

A menos que se aclare lo contrario, las citas de las Escrituras pertenecen a la Santa Biblia, Nueva Versión Internacional®. Copyright © 1999, Biblica.

Las citas de las Escrituras registradas como RVRI960 pertenecen a Reina-Valera 1960®. Copyright © 1960, American Bible Society.

Las citas de las Escrituras registradas como NTV pertenecen a Nueva Traducción Viviente®. Copyright © 2010, Tyndale House Fundation.

Las citas de las Escrituras registradas como RVC pertenecen a Reina Valera Contemporánea®. Copyright © 2009, 2011, Sociedades Bíblicas Unidas.

Las citas de las Escrituras registradas como NBLH pertenecen a Nueva Biblia Latinoamericana de Hoy ®. Copyright © 2005, The Lockman Foundation, La Habra, California.

FaithWords es una división de Hachette Book Group, Inc.
El nombre y el logo de FaithWords son una marca registrada de Hachette Book Group, Inc.

La casa publicadora no es responsable por sitios Web, o su contenido, que no sean propiedad de dicha casa publicadora.

ISBN: 978-1-4555-0432-9

Visite nuestro sitio Web en www.faithwords.com
Impreso en Estados Unidos de América

Primera edición: Octubre 2011
10 9 8 7 6 5 4 3 2 1

¿Cómo sabemos si hemos llegado a conocer a Dios?
Si obedecemos sus mandamientos. El que afirma:
«Lo conozco», pero no obedece sus mandamientos,
es un mentiroso y no tiene la verdad

1 John 1:2–4

ÍNDICE

EL COMIENZO DE LA AVALANCHA

La luz del sol sobre el agua.
El canto de los pájaros en el bosque.
Las arenas del desierto bajo la luz de la luna.
Las viñas justo antes de la vendimia.

Todos ellos comparten algo: reflejan el corazón de un artista particular. Son sus obras maestras, su expresión y la ofrenda que nos hacen. El nombre del artista es Jesús. Hay algo más en común entre estos tesoros y Jesús: las palabras plasmadas en una hoja no se pueden comparar con una experiencia personal. Navegar en el océano con el viento rozando tu cara en una mañana soleada, pasear por el bosque mientras la luz del sol se filtra por las copas de los árboles, recostarte sobre dunas tibias en luna llena y observar estrellas fugaces, absorber la belleza exuberante de un viñedo en la ladera de una colina a principios del otoño; estas experiencias son mucho más próximas a lo que realmente significa sentir a Jesús de lo que sería una simple conversación sobre él.

Pronunciar más palabras sobre Jesús *sólo* serviría si nos permitiera experimentarlo.

No necesitamos más especulación ni debate. Necesitamos a Jesús mismo. Y tú puedes tenerlo. De verdad. Puedes sentirlo en profundidad. Fuiste hecho para esto. Porque, a pesar del vandalismo al que se lo somete en la religión y el mundo, aún está vivo y es él más que nunca. Aunque hoy resulte un poco difícil conocerlo tal cual es. Para comenzar, una simple oración desencadenará una oleada de encuentros:

Jesús, te pido a ti. Por el verdadero tú.

Porque tener a Jesús, contar realmente con él, es conseguir el mayor de los tesoros de todos los mundos.

Y *amar* a Jesús es resolver la primera pregunta de la existencia humana. De tu existencia. Todo fluye a partir de ahí.

Ahora bien, amar a Jesús no es un problema cuando se lo conoce como es en realidad. Por lo tanto, ése es el punto de partida o, para algunos, el punto de retorno después de un largo peregrinaje. Tenemos toda una aventura por delante y la posibilidad de recuperar la mayor riqueza del mundo. Servirá tener a mano la oración más simple:

Jesús, te pido a ti. Por el verdadero tú.

Comencemos con una historia.

CAPÍTULO UNO

LA ALEGRÍA DE DIOS Y EL VENENO DE LA RELIGIÓN

LA ALEGRÍA DE DIOS

Esta aventura sucede aproximadamente una semana *después* de que Jesús saliera andando de la tumba que pidió prestada. El apóstol Juan, uno de los mejores amigos de Jesús, la relata de esta manera:

Después de esto Jesús se apareció de nuevo a sus discípulos, junto al lago de Tiberíades. Sucedió de esta manera: Estaban juntos Simón Pedro, Tomás (al que apodaban el Gemelo), Natanael, el de Caná de Galilea, los hijos de Zebedeo, y otros dos discípulos.

—Me voy a pescar —dijo Simón Pedro.

—Nos vamos contigo —contestaron ellos.

Salieron, pues, de allí y se embarcaron, pero esa noche no pescaron nada.

Al despuntar el alba Jesús se hizo presente en la orilla, pero los discípulos no se dieron cuenta de que era él.

—Muchachos, ¿no tienen algo de comer? —les preguntó Jesús.

—No —respondieron ellos.

—Tiren la red a la derecha de la barca, y pescarán algo.

Así lo hicieron, y era tal la cantidad de pescados que ya no podían sacar la red.

—¡Es el Señor! —dijo a Pedro el discípulo a quien Jesús amaba.

Tan pronto como Simón Pedro le oyó decir: «Es el Señor», se puso la ropa, pues estaba semidesnudo, y se tiró al agua. Los otros discípulos lo siguieron en la barca, arrastrando la red llena de pescados, pues estaban a escasos cien metros de la orilla. Al desembarcar, vieron unas brasas con un pescado encima, y un pan.

—Traigan algunos de los pescados que acaban de sacar —les dijo Jesús.

Simón Pedro subió a bordo y arrastró hasta la orilla la red, la cual estaba llena de pescados de buen tamaño. Eran ciento cincuenta y tres, pero a pesar de ser tantos la red no se rompió.

—Vengan a desayunar —les dijo Jesús. (JUAN 21:1-12)

Esta historia tiene tantos componentes exquisitos que no se sabe por dónde empezar.

En primer lugar, los muchachos habían salido de pesca. ¿Puedes culparlos? Los sucesos de las dos últimas semanas habían sido, por lo menos, abrumadores. La euforia de la entrada triunfal —mientras la multitud agitaba palmas y gritaba «¡Hosanna!»— decayó más de lo esperado. Su amado Jesús fue torturado, ejecutado y sepultado. Pero entonces —más fantástico de lo imaginable— se les apareció nuevamente vivo. Dos veces. Aunque en este momento, no saben adónde se marchó. Al no estar seguros de lo que deben hacer, al sentirse incapaces de tolerar otra situación angustiante mientras esperan en los alrededores de la casa, hacen lo que cualquier pescador que se precie de tal, y que necesite salir y despejar su cabeza, hace: salir a pescar. Aparentemente, pescar desnudo o semidesnudo —observa que Pedro debió *vestirse* nuevamente—.

Observa qué *tranquilo* está Jesús al entrar en la escena. Ni sus mejores amigos lo reconocen. Es el Señor resucitado, tenlo presente. Soberano de los cielos y de la tierra. Piensa en el Monte de la Transfiguración. Jesús podría haber anunciado su resurrección radiante de gloria en la playa. Sabe que nada en el mundo ayudaría más a sus amigos que volver a verlo. Por supuesto que podría haber gritado con su estilo dominante: «¡Soy yo, el Señor! ¡Vengan a mí!». Pero no. Hace lo contrario: se «esconde» un poco más para dejar que la situación se desarrolle. Simplemente se para en la orilla con las manos en los bolsillos, como si fuera un turista, y hace la pregunta que los transeúntes curiosos siempre hacen a los pescadores: «¿Pescaron algo?».

La despreocupación del Cristo resucitado es fascinante en este momento. Sea lo que sea que esté haciendo Jesús, ha llegado el momento de dar su próximo paso.

Ahora, se necesitan dos cosas más para crear el marco apropiado.

En primer lugar, ¿qué estado de ánimo crees que tiene Jesús en esta mañana en particular? Seguramente está *feliz*. El hombre derrotó a la muerte, redimió a la humanidad, fue devuelto a su Padre, a sus amigos y al mundo que creó. Para siempre. Se encuentra en la gloria del mayor triunfo de la batalla más importante de la historia del cosmos. Me atrevo a decir que es un hombre muy feliz. No así los muchachos —toda la noche en vela, sin recompensas, agotados, casi muertos sobre los remos mientras el bote se mece de aquí para allí, de un lado a otro—. No les iría mal que alguien les animara.

Por último, ¿cómo se encontraron ellos —sus mejores amigos— por primera vez con Jesús? Fue justamente aquí, en la orilla de este lago. Es posible que haya sido en este preciso lugar, ya que los pescadores suelen dejar sus botes cerca de su poblacho preferido. Ese primer encuentro cautivador también involucró a los muchachos frustrados después de una noche de pesca. Además, comenzó con una orden que pareció azarosa:

> Cuando acabó de hablar, le dijo a Simón:
> —Lleva la barca hacia aguas más profundas, y echen allí las redes para pescar.
> Así lo hicieron, y recogieron una cantidad tan grande de peces que las redes se les rompían.
> Entonces llamaron por señas a sus compañeros de la otra barca para que los ayudaran. Ellos se acercaron y llenaron tanto las dos barcas que comenzaron a hundirse. Así que llevaron las barcas a tierra y, dejándolo todo, siguieron a Jesús. (Lucas 5:4, 6-7, 11)

Entonces, esto había pasado antes.

Esa primera pesca milagrosa —de redes repletas y botes hundidos— debe de haber parecido que sucedió hace muchos años después de todo lo acontecido. O todo lo desenredado, según tu punto de vista. Pero fue *su* historia, la manera en que terminaron en toda esta aventura. La mayoría de los cristianos pueden contar con detalle cómo se encontraron con Jesús, en especial si se trató de un encuentro dramático. Esa carga fue, sin duda, una historia que este círculo de allegados comentó durante mucho tiempo, como hace la gente, como lo hacen los *pescadores* en particular. Mientras están sentados todas las noches al fuego, alguien saca el tema con una sonrisita burlona: «Pedro, tu cara fue divertidísima»; luego, imitando la reacción de Pedro: «¡Apártate de mí, Señor; soy un pecador!» y todos se desternillan de risa de nuevo. (Lucas 5:8)

Todos los años, mis amigos y yo solíamos hacer un viaje de pesca al este de Sierra Nevada. Aunque nuestra pesca no puede haber sido milagrosa, nos hicimos de una cantidad exorbitante de pescados y a la clásica manera masculina —con fogatas, frijoles en conserva y sin duchas—. Excepto un año en el que llevamos a un muchacho llamado Bill, que todas las mañanas tardaba una hora para acicalarse e incluso se ponía colonia. Nosotros estábamos en el automóvil, tendidos sobre la bocina, mientras Bill se peinaba con gel. Con el paso de los años, le tomaríamos el pelo por esto. Todo lo que había que hacer era comenzar la historia con «Recuerdan cuando Bill…» y alguno se reiría, echaría café por la nariz y a toda la pandilla le faltaría el aliento otra vez.

Entonces aquí están los famosos discípulos, tres años después. Volvieron a trasnochar. En la misma playa. Los muchachos tienen una noche de pesca que resultó un chasco. Y Jesús lo hace otra vez.

«Intenten del otro lado». Las redes están repletas de nuevo. Es la manera en que les muestra que es él. Todo esto tiene el guiño de una broma privada, ese gran tesoro de la amistad, el chiste continuo entre amigos en el que sólo se necesita comenzar con una línea para que todos se mueran de risa otra vez, a pesar del paso del tiempo. «Intenten del otro lado». Otro golpe de suerte. Tal como en las buenas épocas. No se necesita decir nada más, Pedro ya está sacudiéndose en el agua para llegar a la costa.

¿Puedes observar la *alegría* de Jesús?

Su sentido de la oportunidad, la tensión, su reserva, una pregunta semejante a la de un turista, la misma sugerencia tonta de quien creen que no sabe nada de pesca, y luego ¡*pum*!, la redada. Y los muchachos están otra vez entusiasmados. Es una historia hermosa, que se hace más rica *gracias* a la alegría de Jesús.

Y a propósito, ese pequeño detalle que desliza Juan —que se pescaron exactamente ciento cincuenta y tres pescados— es también un toque hermoso.

En la red no había una «barcada» de pescados, ni siquiera «unos ciento cincuenta» o «algo más de doce docenas», sino que había exactamente «ciento cincuenta y tres». Ésta es, desde mi punto de vista, una de las estadísticas más notorias que se hayan calculado. Considera las circunstancias: sucedió *después* de la crucifixión y la resurrección; Jesús está de pie en la playa recién resucitado de entre los muertos y es tan sólo la tercera vez que los discípulos lo ven desde la pesadilla del Calvario. Sin embargo, sabemos que en la red había… «ciento cincuenta y tres». ¿Cómo se descubrió este dígito? No puede haber sucedido de esta manera: Después de arrastrar la red hasta la costa, los discípulos se agacharon ante esa pila inmensa de pescados que se retorcían y comenzaron a arrojarlos a una segunda pila mientras contaban minuciosamente «uno, dos, tres, cuatro, cinco, seis, siete,…» hasta llegar a ciento cincuenta y tres, mientras el recién resucitado Señor de la Creación, el Sustentador de los seres, Él, que murió por ellos y por quien ellos morirían con agrado, esperaba de pie, ignorado, hasta que se contó la pila de pescados.[1]

O podría haber sucedido de la siguiente forma: Estos pescadores retirados, invadidos por el júbilo de ver a Jesús, dejan donde está la pila de pescados que se retuercen, con toda la intención de volver a ocuparse después del desayuno. Una vez que comieron la barbacoa —que por cierto preparó Jesús— uno de ellos expresa: «Bueno, tenemos que contar la pesca» y el segundo contesta: «Sí» y Jesús, comiendo el último bocado de tilapia asada, dice: «Hay ciento cincuenta y tres».

Al comprender, los muchachos se sonríen unos a otros. *Ah, claro, regresó Jesús.*

Se la mire como se la mire, es una historia hermosa. Es alegre, divertida, tan humana, esperanzadora y profana. Y es esta cualidad particular que otorga su verdadero carácter al pasaje y nos brinda un elemento esencial para conocer a Jesús como es en realidad. El hombre no es religioso. Si lo fuera, la historia se habría desarrollado en un entorno religioso —el templo, tal vez, o por lo menos una sinagoga— y Jesús los habría reunido para estudiar la Biblia o para orar. Después de su resurrección, Jesús ni siquiera aparece por el templo, sino que está en la playa viendo cómo pescan sus amigos, llenando sus redes vacías e invitándolos a desayunar.

Ahora, ¿por qué esta interpretación del pasaje alivia y molesta por igual?

El alivio llega como una brisa marina en un día agobiante de verano que sofoca con su olor a lodo y pescado. Porque es la respuesta a una pregunta que no nos animamos a hacer, que sólo Dios sabe cómo y cuándo ser divertido. Con nosotros. Es como una bocanada de aire fresco.

Pero muchos lectores también se sienten molestos porque, además, suena un tanto irreverente. Esto me lleva a mi segundo punto.

EL VENENO DE LA RELIGIÓN

Jesús curó a un hombre en sabbat. Esto hizo que sus enemigos se extralimitaran. Decidieron matarlo. El relato figura en la primera parte del evangelio según San Marcos:

En otra ocasión entró en la sinagoga, y había allí un hombre que tenía la mano paralizada. Algunos que buscaban un motivo para acusar a Jesús no le quitaban la vista de encima para ver si sanaba al enfermo en sábado. Entonces Jesús le dijo al hombre de la mano paralizada:

—Ponte de pie frente a todos. Luego dijo a los otros:

—¿Qué está permitido en sábado: hacer el bien o hacer el mal, salvar una vida o matar?

Pero ellos permanecieron callados. Jesús se les quedó mirando, enojado y entristecido por la dureza de su corazón, y le dijo al hombre:

—Extiende la mano.

La extendió, y la mano le quedó restablecida. Tan pronto como salieron los fariseos, comenzaron a tramar con los herodianos cómo matar a Jesús. (3:1-6)

De verdad. ¿Porque curó a un hombre un sabbat? ¿Qué es esto? Después de todas las tonterías que se repiten sobre la característica de conciliador amable de Jesús, la lectura de los Evangelios es una gran sorpresa. Descubrimos que Jesús se mezcla *con frecuencia* en conflictos —la mayoría originados por él (como realizar una curación en sabbat)—. Y cada uno de estos enfrentamientos es con personas muy religiosas. Ningún encontronazo hostil involucra a un «pagano». Por lo menos no fue así hasta el final, cuando los soldados romanos lo arrestraron, aunque fue entregado por la clase dirigente religiosa.

Si leyeras los Evangelios sin sesgo ni presunciones, no tendrías ningún problema en comprender que la religión es el enemigo —o que está en manos del enemigo—. Todos los detractores de Jesús son personas a las que consideraríamos sumamente dedicadas a practicar bien la religión. Sin duda que ellos también lo creen así.

Si en verdad deseas conocer a Jesús, querrás tener presente esto.

Porque al llegar a conocerlo en profundidad, tal cual es, *como quiere que se lo conozca*, se desata una oleada redentora en tu vida. La bondad no cesará. El propósito fundamental de tu existencia estará resuelto y, a partir de esto, comenzarás a hacer realidad todos los otros propósitos que Dios tiene para ti. Ahora, ¿realmente crees que el enemigo de nuestras almas, el Enemigo de Jesucristo, simplemente dejará que esto suceda? Satanás es demasiado astuto como para depender sólo de la persecución. Sus mejores trabajos son el *engaño* (si ves a Adán y Eva, pregúntales sobre esto). Entonces, el impostor engaña mediante la *tergiversación* y su artilugio preferido es mostrar un Cristo distorsionado. No es tan flagrante como un mal tipo, pero lo hace mediante los respetables canales de la religión.

Considera esta prueba: millones de personas asistieron a la iglesia durante años y todavía no conocen a Dios. Sus cabezas están llenas con cuentos *sobre* Jesús, pero no lo sienten, no como lo hicieron los muchachos en la playa. También hay millones que aman a Jesucristo pero sólo lo sienten de vez en cuando, generalmente cuando andan a tientas porque no logran suficiente de la vida que él prometió, como Lázaro aún envuelto en su mortaja.

¿Es posible que algo sea más diabólico?

Si mandaras a un ser querido a la escuela durante una década y siguiera siendo analfabeto, ¿qué pensarías de la educación? Si recomendaras un médico a alguien que amas y, a pesar de estar años en tratamiento, no sólo no se curara del cáncer, sino que además contrajera sida, hepatitis y gangrena, ¿qué conclusión sacarías sobre el tratamiento?

No estoy haciendo acusaciones; estoy exponiendo los hechos. Hay iglesias y movimientos de nobles principios que nos traen a Jesús. Pero—¡ay!—son la excepción, no la regla.

Jesús curó a un hombre en sabbat. Sus enemigos decidieron matarlo. ¡¿Crees que eso es todo?! ¿Por qué esto habría terminado con la era de Cristo? Suponer que no podríamos estar igual de atontados por la religión sería un tanto arrogante de nuestra parte.

Por lo tanto, George MacDonald, el viejo profeta escocés, pregunta: «¿Cómo hemos aprendido sobre Cristo? Éste debería ser un pensamiento sorprendente; es probable que hayamos aprendido de la manera equivocada». *Es* un pensamiento sorprendente. «Esto debe ser mucho peor que no haber aprendido nada sobre él: ¡su lugar lo ocupa un Cristo falso, difícil de exorcizar!»[2]. Por cierto que es difícil de exorcizar porque la religión te da la *sensación* de tener a Cristo, pero te inocula para que no experimentes la realidad. Más perverso aun. Si quieres destruir una economía, inunda el mercado con billetes falsos.

Entonces, el apóstol Juan da una última advertencia:

Queridos hermanos, no crean a cualquiera que pretenda estar inspirado por el Espíritu, sino sométanlo a prueba para ver si es de Dios, porque han salido por el mundo muchos falsos profetas. En esto pueden discernir quién tiene el Espíritu de Dios: todo profeta que reconoce que Jesucristo ha venido en cuerpo humano, es de Dios; todo profeta que no reconoce a Jesús, no es de Dios sino del anticristo. Ustedes han oído que éste viene; en efecto, ya está en el mundo. Nosotros somos de Dios, y todo el que conoce a Dios nos escucha; pero el que no es de Dios no nos escucha. Así distinguimos entre el Espíritu de la verdad y el espíritu del engaño. (1 JUAN 4:1-3, 6)

Un aviso muy importante. Pero me temo que le prestamos la misma atención que a una simple demostración de seguridad antes de un vuelo: «En caso de acuatizaje…». Entonces, analicémoslo con detalle. Juan dice que existe un Espíritu de la verdad (que sería el Espíritu Santo) y un espíritu del engaño (al que denomina el espíritu del anticristo). Se lamenta porque muchos impostores, animados por este espíritu del engaño, se han infiltrado en nuestro mundo. Una imagen aleccionadora. Nos incita a prestar mucha atención, porque el trabajo del espíritu es mostrar imágenes distorsionadas de Jesús.

Ahora, si Juan no pensara que podrías ser presa de este espíritu, no te habría hecho la advertencia. Antes de que la tinta de los Evangelios se secara, en la joven iglesia ya abundaban este tipo de cosas.

Permíteme dejar esto bien en claro: el espíritu del engaño suele ser un espíritu muy religioso. ¿De qué otra manera podría vender sus artimañas? Durante los últimos dos mil años, ha inundado la iglesia con billetes falsos. No me refiero solamente a la manifiesta patraña —la Inquisición, los juicios por brujería y los telepredicadores—. Son estas repugnancias las que logran que el mundo se aparte asqueado. Una técnica muy eficaz. Sin embargo, mientras estas falsificaciones se convirtieron en una obviedad para nosotros, debes considerar que también fueron muy convincentes.

Porque el espíritu religioso es como una gripe; se adapta constantemente al entorno. Sería difícil llevar adelante un juicio por brujería en nuestros días. ¿Cómo sería en nuestra época? La semana pasada, un amigo escuchó que su pastor decía: «No puedes conocer a Jesús como conoces a tus amigos. Él es totalmente distinto a nosotros». Es una blasfemia. Es posible conocer a Jesús tan profundamente como lo hicieron sus primeros discípulos. Incluso mejor. Jesús *vino* para darse a conocer, por Dios, vino para hacernos conocer a Dios:

> Dios, que muchas veces y de varias maneras habló a nuestros antepasados en otras épocas por medio de los profetas, en estos días finales nos ha hablado por medio de su Hijo. … El Hijo es el resplandor de la gloria de Dios, la fiel imagen de lo que él es. (HEBREOS 1:1-3)

Jesús vino para revelarnos a Dios. Es la palabra decisiva sobre Él —sobre cómo es el verdadero corazón de Dios, qué está tramando para el mundo, qué está tramando para tu vida—. Un encuentro íntimo con Jesús es la experiencia más transformadora de la existencia humana. Conocerlo tal cual es se equipara a llegar a casa. Es imposible comparar el hecho de contar con su vida, alegría, amor y presencia. Conocer realmente a Jesús es nuestra mayor necesidad y satisfacción. Estar equivocado sobre él es el error más triste.

Pues bien, no hizo lo imposible por encarnarse para luego ocultarse de nosotros durante los dos mil años siguientes.

Hay una enseñanza generalizada del estilo «avívate y sé realista» que tiene la intención de ayudarnos con nuestro sufrimiento y hace creer que está bien que Dios sea distante y que debemos avanzar con sólo unos susurros de él. Mientras eso es reconfortante —en cierta medida—, ¿logrará que los individuos experimenten con regularidad a Jesús? Esto es lo que se supone que hace el cristianismo.

> Lo que existía desde el principio, lo que hemos oído, lo que hemos visto con nuestros propios ojos, lo que hemos

contemplado y lo que han tocado nuestras manos, esto escribimos acerca del Verbo de vida. Y la Vida (Cristo) se manifestó. Nosotros la hemos visto, y damos testimonio y les anunciamos a ustedes la vida eterna que estaba con el Padre y se manifestó a nosotros. Lo que hemos visto y oído les proclamamos también a ustedes, para que también ustedes tengan comunión con nosotros. En verdad nuestra comunión es con el Padre y con Su Hijo Jesucristo. (1 JUAN 1:1-3 NBLH)

Los testimonios sobre Cristo están escritos *para que puedas experimentarlo como ellos hicieron*, esta íntima conexión con el Padre y el Hijo. Juan dice que puedes disfrutar de la misma amistad con Jesús que él experimentó. Por esto vino Jesús.

Entonces, si no comprendes a Jesús como persona, no conoces su notable *personalidad* —alegre, ingenioso, firme, impaciente con todo lo que es religioso, agradable, creativo, irreverente, divertido—, te han engañado.

Si no experimentas a Jesús en profundidad, todos los días, *de estas maneras*, si no conoces el consuelo de su presencia real, no escuchas que su voz te habla personalmente a ti, te han robado.

Si desconoces el poder de su existencia en tu interior para moldear tu personalidad, curar tus imperfecciones y permitirte vivir como él, *te han saqueado*.

Por este motivo oramos:

Jesús, muéstrame quién eres realmente. Oro por el verdadero tú. Quiero al verdadero tú. Te pido a ti. Espíritu de Dios, libérame de todas las maneras posibles para conocer a Jesús tal y como es. Ábreme los ojos para que pueda verlo. Líbrame de toda la mentira sobre Jesús y dame lo verdadero.

CAPÍTULO DOS

EL ELEMENTO ESENCIAL QUE FALTA: SU *PERSONALIDAD*

Los correos electrónicos y los mensajes de texto me trajeron muchos problemas.

La razón es simple: quienes reciben mis misivas electrónicas no pueden oír el tono de mi voz ni ver la expresión de mi rostro al interpretar mis palabras. Es un vacío muy peligroso. Las palabras insustanciales encuentran la manera de sonar embrujadas. Muchas veces envié un mensaje con el propósito de que sonara gracioso, pero como no estaba acompañado de ese brillo en los ojos ni de la sonrisa leve que es tan esencial para comprender mis intenciones, mis lectores tomaron en serio el comentario divertido y se sintieron heridos. A veces, *tuve* la voluntad de enviar un mensaje de corrección, pero lo escribí corriendo por falta de tiempo y, nuevamente, sin la sonrisa ni el tono tranquilizador de la voz, necesario para expresar mis sentimientos, se interpretó que el mensaje era rudo.

Éste es el vacío que muchos de nosotros trasladamos a los Evangelios.

Sin el tono de voz de Jesús, sus ojos, una ceja arqueada, una sonrisa reprimida, una inclinación de la cabeza, una mirada inmutable, malinterpretamos mucho de lo que encontramos allí. Leer los Evangelios sin conocer la personalidad de Jesús es como mirar televisión con el sonido apagado. Todo lo se obtiene es una persona desabrida y bidimensional que actúa de manera rara e indescifrable. Considera esta historia como un ejemplo:

> Una mujer cananea de las inmediaciones salió a su encuentro, gritando:
>
> —¡Señor, Hijo de David, ten compasión de mí! Mi hija sufre terriblemente por estar endemoniada.
>
> Jesús no le respondió palabra. Así que sus discípulos se acercaron a él y le rogaron:
>
> —Despídela, porque viene detrás de nosotros gritando.
>
> —No fui enviado sino a las ovejas perdidas del pueblo de Israel —contestó Jesús. La mujer se acercó y, arrodillándose delante de él, le suplicó:
>
> —¡Señor, ayúdame! Él le respondió:
>
> —No está bien quitarles el pan a los hijos y echárselo a los perros.
>
> —Sí, Señor; pero hasta los perros comen las migajas que caen de la mesa de sus amos.
>
> —¡Mujer, qué grande es tu fe! —contestó Jesús—. Que se cumpla lo que quieres.
>
> Y desde ese mismo momento quedó sana su hija. (MATEO 15:22-28)

Ay, caramba. ¿Qué hacemos con esto? «¡¡No estoy aquí por tus perros?!» Muchas personas buenas leen este pasaje, sienten vergüenza y se alejan con la sutil convicción de que Jesús es un hombre más insensible de lo que piensan. *Y hasta creo que decir insensibilidad es positivo de alguna manera.* Incluso algunos hacen teologías sobre esta insensibilidad. Pero, por supuesto, si Jesús estaba actuando de manera *pícara*, entonces cambiaría todo.

Hablando seriamente, ¿qué viene a tu mente cuando piensas en Jesús? Sería bueno detenerse y hacer un inventario. ¿Jesús está cerca o lejos? ¿Está a mano, aquí mismo cerca de tu codo, o está lejos y dedicado a tareas más nobles? ¿Tiene sentido del humor? ¿Qué palabras usarías para describirlo? Si reunieras los muchos libros que se escribieron sobre él y los revisaras en busca de los términos que más se utilizan para describirlo, puedes anticipar lo que encontrarás: *afectuoso* y *misericordioso*.

Hermosas cualidades y muy ciertas de Jesús, pero bidimensionales. Especialmente si damos un tinte religioso a estas virtudes. El afecto se transforma en empalagosa dulzura y la misericordia en algo débil y flojo. ¿Cómo se puede amar de manera sincera y consecuente a algo tan bidimensional? Afectuoso y misericordioso, es como tratar de amar a una tarjeta para desear una pronta recuperación.

A los escritores jóvenes se los alienta a «encontrar su voz» porque es la *personalidad* la que diferencia una buena novela de una guía telefónica. Ambas están llenas de palabras. Sólo una vale la pena leer. La personalidad es lo que distingue la música verdadera de la música ambiental. Las dos están compuestas por notas, pero sólo una vale la pena escuchar. Piensa en las personas que más amaste y en las que más confiaste; ¿*por qué* los amaste y confiaste en ellos? ¿Fue debido a una cualidad o a la original y atractiva combinación de todas esas características que hicieron de ellos quienes eran?

La personalidad es lo que hace que alguien sea *alguien* y no todos o cualquiera.

Simplemente no es posible amar a Lincoln o a Carlomagno de la misma manera que amas a tu amigo íntimo más querido. Aunque los personajes históricos puedan ser Admirables, no puedes amarlos porque no los *conoces* en realidad. Están muy alejados de tu experiencia personal para ganarse o mantener tu amor verdadero. Nadie tiene experiencias reales de sus personalidades. Sin embargo, en lo que se refiere a amigos, familiares y amantes, los amamos por quienes son —*por* su personalidad—. Dios mío, amamos a nuestras mascotas por su personalidad —porque tu gato se sienta sobre tu cabeza y te lame la oreja para despertarte o porque a tu perro le gustan las galletas de jengibre y la ropa interior—.

En mayo tuve la oportunidad de visitar la Galería Nacional mientras estaba en Londres. Como amo el arte y estaba con dos de mis hijos —uno de ellos, especializado en la materia— me entusiasmaba la idea de pasar horas allí. Adoré las pinturas de Van Gogh, Monet, Rembrandt, entre otras. Sin embargo, sufrí una gran desilusión. No, fue más que una desilusión. Fue una gran frustración. No vi un solo retrato de Cristo, entre todas las obras famosas que lo representan, que lo pintara parecido a como es en verdad. Ni uno. Todos mostraban a un Jesús menudo, pálido, con expresión angustiada, una figura espectral flotando por la vida y haciendo gestos extraños y declaraciones indescifrables.

Las imágenes navideñas eran particularmente ridículas. El arte clásico que muestra niños —temas que ahora se repiten en las tarjetas de Navidad y en los belenes que se exponen en las iglesias y en las mesas de los cafés suburbanos— representa a un bebé bastante maduro, muy blanco, esplendorosamente limpio como ningún bebé lo está, con los brazos extendidos para tranquilizar a los adultos nerviosos que lo rodean, inteligente, sin necesidades, con un halo brillante, consciente como un adulto. Un súper bebé. Es evidente que este niño nunca se ensució sus pañales. Se lo ve listo para asumir como primer ministro.

¿Por qué me enojó?

Porque cuando perdemos su *personalidad*, perdemos a Jesús.

Es algo irónico que, en una compleja era visual como la nuestra, aún nos aferremos a un Jesús bidimensional. Así de grande es el poder de la niebla religiosa. Con el fin de prepararme para escribir

este libro, leí bastante, y el coro de voces con respecto a la personalidad de Jesús es unánime. Todos hablan de sus «grandes actos de
humildad, fe y misericordia». ¿Y qué de sus grandes actos de picardía
o astucia? ¿Y de su brillantez, ingenio, irreverencia, de la escandalosa
libertad con la que vive, su exasperación e impaciencia? Ni qué decir
de su humanidad; casi olvidamos que era un hombre.

Una gran pena. Tu hámster parece tener una personalidad
mucho más desarrollada que muchos retratos de Jesús.

Además, la pérdida de personalidad frustra nuestra imitación de
Cristo. Lo que sucede es que nuestro estilo particular de iglesia se
aferra a una o dos de sus virtudes que considera esenciales de Cristo
para que nosotros las sigamos. Justicia. Misericordia. Rectitud. No
importa cuál. No puedes vivir una vida basándote en una sola cualidad, así como no puedes hablar de manera inteligente si usas una
única palabra. Mientras tanto, continuamos hablando sobre el
afecto y la misericordia de Jesús, como el idiota del pueblo que golpea una sola nota en el piano. Al cabo de un tiempo, el mundo se
aparta. ¿Puedes culparlos? ¡Ay! Si tan sólo los discípulos de Jesús
compartieran su personalidad. Ese único cambio corregiría tantas
ridiculeces y horrores que pasan por cristianismo popular.

Lo que falta en nuestra lectura del evangelio —y en nuestros
intentos por «leer» lo que Jesús está haciendo y diciendo en nuestra
vida en este preciso momento, esta semana— es su *personalidad*
revelada por la religión. Veamos si logramos encontrarla.

CAPÍTULO TRES

¿JESÚS ES REALMENTE *ALEGRE?*

Nuestro perro *golden retriever* inventó un juego con el que se divierte solo. Oban busca en el jardín la piedra más grande que pueda mover, la lleva con cuidado hasta la cima de la colina y la deja allí. Luego se coloca un poco más arriba que la piedra y le da un empujoncito con el hocico para hacerla descender —rebotando como un conejo que intenta escapar— mientras él la sigue dando saltos. Después se abalanza. Y, por supuesto, esto termina con la persecución; entonces, libera su trofeo, lo arroja nuevamente, dispara detrás, se choca contra los arbustos, lo empuja para que alcance velocidad y después se abalanza para atraparlo otra vez. Se echará allí con aire triunfante durante uno o dos segundos, jadeando como un león con su presa entre las garras, hasta que vuelva a tener esa mirada salvaje y comience nuevamente con el juego.

Siempre nos hace reír. Y nadie le enseñó a hacerlo. Él es así. Dios lo creó así.

Puede parecer un lugar raro para comenzar a buscar a Jesús, pero está muy cerca de donde Juan empezó su evangelio: « Por medio de él todas las cosas fueron creadas; sin él, nada de lo creado llegó a existir.» (Juan 1:3).

Cuando se trata de conocer a Jesús *como realmente es*, tenemos una gran cantidad de escombros por remover, entonces comencemos donde lo hizo Juan: con la creación. Puedes saber mucho sobre un artista por la obra que deja: el orgullo desmedido de Hemingway, por ejemplo, es difícil de ocultar aunque él así lo desee; lo mismo sucede con la oscuridad torturadora de Edgar Allan Poe. La fantasía de Chagall sobresale en sus pinturas, al igual que la radiante genialidad de Van Gogh. La personalidad del artista se filtra en su obra. Esto incluye a Dios. Él se revela constantemente en la naturaleza, como lo demuestran las Escrituras.

Observar sus obras de arte, hará que te maravilles con la personalidad de Jesús.

Ayer a la mañana estaba sentado bebiendo café y observando las crías de ardilla listada mientras se perseguían entre sí a gran velocidad por la terraza. Un temerario inteligente, con la esperanza de obtener ventaja, saltó al cerco y continúo la persecución desde las alturas hasta que, a último momento, se abalanzó sobre su compañero de camada como un doble de riesgo de Hollywood. Esta mañana, uno de ellos adoptó una nueva estrategia. El pequeño granuja encontró un lugar para hacer una emboscada, colgado de uno de los lados de la casa, donde esperó que su compañero de juegos paseara desprevenido. Luego saltó y los dos hicieron una voltereta y salieron de la terraza chillando en dirección al césped. Salieron corriendo y volvieron a hacerlo. Y una vez más.

Ahora bien, ¿qué te dice esto sobre la personalidad de Jesús, quien creó estos pequeños dínamos con máscaras rayadas y un entusiasmo inagotable? ¿Qué dicen acerca de su corazón? Los cachorros de oso polar se precipitan de cabeza y de cola por laderas nevadas, tan sólo por diversión. A los delfines giradores les encanta retozar en las estelas que dejan los barcos; hacen cabriolas, saltan en el aire y, bueno, giran.

Las nutrias juegan a la mancha. Nuestros caballos juegan al tira y afloja con una vara —algo que resulta bastante divertido si se piensa en la nobleza que suele tener el caballo en su andar—.

¿Quién le concedió su *picardía* a tu cachorro cuando se roba tu pantufla y corre por toda la casa contigo a la zaga? Dios es más juguetón que nosotros. O nosotros somos mejores que él en algo; una afirmación que nadie se animaría a hacer.

Mis hijos están finalizando la adolescencia en este momento y pedirles algunos quehaceres domésticos es tan fácil como sacar kétchup de una botella. Hace unos cuantos días les insistimos para que limpiaran las ventanas. Llegó la hora de la cena, la familia se sentó alrededor de la mesa y comenzaron —como hacen todos los hermanos— a criticarse el trabajo de la jornada. Sam y Luke se habían repartido en mitades los cristales de una ventana del comedor. Sam se jactaba de cuánto más limpio estaba su lado y recurría a las pruebas como un abogado en un juicio. Desviamos nuestra atención hacia la ventana en cuestión y, en ese preciso momento, un petirrojo se golpeó contra el panel de Luke, cayó aturdido al suelo, se sacudió y se fue volando. Nos miramos unos a otros con la boca abierta y las cejas arqueadas, y echamos a reír.

La naturaleza había votado. *Dios* había votado.

Su sentido de la oportunidad no podía haber sido más exquisito. «¿Qué ventana está más limpia? ¿Quién haraganeó más?». Un *golpe*. Brillante. No se podría haber pedido una respuesta mejor. Todo el episodio fue para desternillarse de risa. Ahora, si crees un poco en la soberanía de Dios, descubres que estos momentos están *orquestados*. Ningún gorrión golpea una ventana sin que tu Padre lo sepa o algo así.

¿Nunca observaste algo en la naturaleza que te hiciera reír? Tal vez no lo entendiste; fuiste *hecho* para reír. Fue Dios quien te hizo reír. Él rió contigo. Ya sabes algo muy importante sobre Jesús.

Elton Trueblood llevó a cabo una investigación bastante minuciosa para escribir su defensa bíblica de la alegría de Jesús en su libro

The Humor of Christ [El humor de Cristo]. Es un libro muy riguroso, intelectual y árido. Algo bastante divertido, un libro sin gracia sobre el sentido de humor de Dios. ¿Qué dice sobre nosotros, o sobre nuestra cultura eclesiástica, que se *necesite* escribir un libro así? ¿Que hacemos todo lo posible por preguntarnos si Dios se ríe? ¿Cuánto nos hemos alejado de su corazón y de su personalidad?

¿Jesús tiene sentido del humor? Bueno, inventó las carcajadas.

Y piensa en la multitud con la que cenó. Esos agitadores en seguida le hicieron fama de ebrio y glotón —y no fue porque ellos sirvieran agua y galletas—. Se trataba de un grupo alocado y, sin duda, tal muchedumbre se reía de vez en cuando, aunque sólo fuera por la alegría que experimentaban al estar con Jesús. Ahora bien, seguramente el creador de estos personajes pintorescos no se sentó con el ceño fruncido y aspecto piadoso, señor Aguafiestas o señor Superado. Imaginen su felicidad por tener otra vez a su lado a estas ovejas descarriadas.

Pero a los inexpresivos religiosos no les gustó nada. Siempre se quejaban de esto.

La Navidad pasada, un amigo me envió un regalo; se trataba de una taza para café con una imagen clásica de Jesús y, abajo, la famosa leyenda «Jesús salva». Al verter bebidas calientes, la imagen cambia; Cristo ya no tiene barba y se lee la leyenda «Jesús se afeita«». Mi hijo Luke me preguntó vacilante: «¿Qué crees que piensa Jesús sobre esto?». Permíteme preguntarte, lector, ¿qué piensas *tú*? Saca por un momento a Jesús de esta ecuación, ¿qué sientes por las personas que siempre deben estar serias, que exigen que quienes están alrededor también lo estén? ¿Y sobre los amargos que nunca jamás toleran una broma pícara?*

---

* (N. de la T.) Juego de palabras por la similitud entre las expresiones inglesas «saves», que significa «salva», y «shaves», cuya traducción es «se afeita».

¿Jesús puede disfrutar una broma a expensas suyas? Si no, ¿qué clase de persona es? Le dije a Luke: «Creo que piensa que es divertidísimo». Sin embargo, debemos esconder la taza cuando ciertos miembros de nuestra iglesia nos visitan.

La risa proviene de Dios. Sólo esta cualidad puede salvarnos del velo religioso que siempre intenta aparecer y nublar nuestra percepción de Jesús.

Tenlo presente, *Isaac* significa «alegría». ¿Y quién le dio ese nombre inolvidable? Fue el Señor.

El punto de inicio es una mujer que ríe. Es una anciana que, después de pasar toda una vida en el desierto, tiene el rostro con grietas y surcos como una sequía de seis meses. Encorva los hombros alrededor de las orejas y comienza a temblar. Entrecierra los ojos y su risa está formada por dientes de porcelana y resolla y llora mientras se mece con fuerza hacia atrás y adelante en la silla de la cocina. Se ríe porque ronda los noventa y uno y le acaban de decir que tendrá un bebé. Aunque fue un ángel quien se lo transmitió, no es capaz de controlarse, y su esposo tampoco. Permanece serio durante unos pocos segundos más que ella, pero también termina soltando una carcajada...

El nombre de la anciana es Sarah, por supuesto, y el del anciano es Abraham, y se ríen al pensar que tendrán un bebé en la sala de geriatría y que Medicare correrá con los gastos. Se ríen porque el ángel no sólo parece creerlo, sino que parece esperar que ellos también lo crean. Se ríen porque parte de ellos lo cree... Se ríen porque, si por alguna loca casualidad, llegara a ser cierto, realmente tendrían de qué reírse.[1]

Lo suficientemente viejos como para ser bisabuelos, Abraham y Sarah cambian el andador por una silla de niño. Simplemente es demasiado. El patriarca artrítico y su arrugada esposa tratan de ocultar su risa del Dios viviente. Él sella la humorada llamándolo Isaac por ellos. Risa.

Después de todo, fue Dios quien nos dio sentido del humor. ¿De verdad crees que Jesús vino a arrebatarlo?

Es posible que, si le permitimos a Jesús el carácter divertido que observamos en su creación, entonces podamos verlo jugar en los Evangelios. Tal vez nos ayude a develar algunas de estas historias que, de otra manera, serían desconcertantes.

Cuando Jesús y sus discípulos llegaron a Capernaúm, los que cobraban el impuesto del templo se acercaron a Pedro y le preguntaron:

—¿Su maestro no paga el impuesto del templo?

—Sí, lo paga —respondió Pedro.

Al entrar Pedro en la casa, se adelantó Jesús a preguntarle:

—¿Tú qué opinas, Simón? Los reyes de la tierra, ¿a quiénes cobran tributos e impuestos: a los suyos o a los demás?

—A los demás —contestó Pedro.

—Entonces los suyos están exentos —le dijo Jesús—. Pero, para no escandalizar a esta gente, vete al lago y echa el anzuelo. Saca el primer pez que pique; ábrele la boca y encontrarás una moneda. Tómala y dásela a ellos por mi impuesto y por el tuyo. (MATEO 17:24-27)

¿Cómo? Esta pequeña historia es bastante extraña. ¿A razón de qué Jesús envía a Pedro a una búsqueda sin rodeos de una fábula irlandesa? «El apóstol y el salmón de oro». Aquí nos referimos a unos pocos dólares. ¿Qué sucede con la aventura de pesca? Si sacas de la escena a la verdadera personalidad de Jesús e introduces a ese personaje religioso, etéreo y fantasmal que observa reinos desconocidos, la imagen de Cristo evocada por tantas pinturas y por el arte escolar dominical, pones punto final a algunas interpretaciones bastante singulares. Que la boca abierta del pez, como cree un comentarista, representa los corazones abiertos de las personas que recibirán los Evangelios mientras Pedro se convierte, después de la resurrección, en pescador de hombres. Un ejercicio de contorsión hermenéutica digno del Cirque du Soleil.

Las interpretaciones retorcidas que se basan en extrañas imágenes religiosas sólo sirven para enviar a Cristo a la etósfera. «Por sus frutos los conocerán», advirtió Jesús (véase Mateo 7:16).

Pero con su personalidad en el centro de atención, estas historias adquieren una riqueza que hemos perdido.

Pedro asumió un gran riesgo al tener grandes aspiraciones con Jesús. La bandita de juglares había pasado la etapa de la sorpresa y estaba por ingresar en el período de oposición a Cristo; la fase de las horcas y las antorchas. Los ancianos de su propio pueblo enfrentan a Pedro y le hacen una pregunta inquietante. Él llega a la casa visiblemente perturbado y ve a su maestro que está de pie cortando verduras en la encimera. Durante un momento, mientras una punzada de dudas asalta su mente, hay silencio: *Tal vez el Señor no es tan honrado como creímos; no pareciera respetar la Ley.* Jesús no levanta la mirada, simplemente dice: «¿Qué te parece, Simón…?».

«Pedro, te diré lo que necesito que hagas…». Envía a los pescadores a pescar. Les da tiempo para que organicen sus cosas. Le demuestra que hay leyes superiores a las que se puede obedecer. Jesús tiene sentido del humor. Sin contar con una gran confianza, la historia es simplemente rara. Pero con esta comprensión, es hermosa, muy humana y también muy divertida. El fruto no es más que lograr que lo amemos más.

Y lo conocerás por sus frutos.

Éste es otro momento maravilloso en el que el tono de voz de Jesús significó algo:

Al día siguiente, Jesús decidió salir hacia Galilea. Se encontró con Felipe, y lo llamó:

—Sígueme.

Felipe era del pueblo de Betsaida, lo mismo que Andrés y Pedro. Felipe buscó a Natanael y le dijo:

—Hemos encontrado a Jesús de Nazaret, el hijo de José, aquel de quien escribió Moisés en la ley, y de quien escribieron los profetas.

—¡De Nazaret! —replicó Natanael—. ¿Acaso de allí puede salir algo bueno?

—Ven a ver —le contestó Felipe.

Cuando Jesús vio que Natanael se le acercaba, comentó:

—Aquí tienen a un verdadero israelita, en quien no hay falsedad.

—¿De dónde me conoces? —le preguntó Natanael.

—Antes de que Felipe te llamara, cuando aún estabas bajo la higuera, ya te había visto.

—Rabí, ¡tú eres el Hijo de Dios! ¡Tú eres el Rey de Israel! —declaró Natanael.

—¿Lo crees porque te dije que te vi cuando estabas debajo de la higuera? ¡Vas a ver aun cosas más grandes que éstas! (JUAN 1:43-50)

Estos muchachos se encuentran con Jesús por primera vez. Ten presente que Jesús ya sabe qué está por suceder, sabe todo acerca de donde serán arrastrados: alimentar a cinco mil, ordenar que cese la tormenta, levantar a Lázaro de entre los muertos. Natanael pregunta: «¿De dónde me conoces? Nunca nos habíamos visto». Jesús contesta de manera informal: «Ah, te vi bajo la higuera, antes de que Felipe te llamara». Natanael cae de rodillas: «¡Tú eres el hijo de Dios! ¡El Rey de Israel!». La respuesta de Jesús es para morirse de risa: «¿Lo crees porque te dije que te vi cuando estabas debajo de la higuera?». Debe de haber un par de cejas arqueadas y una sonrisa reprimida en su rostro. «Ah, con qué facilidad te asombras». Y luego, al saber que

Natanael observará, debe reírse un poco al decirle: «¡Vas a ver aun cosas más grandes que éstas!».

Me estoy acordando de una anécdota del verano pasado. Mis hijos y yo estábamos en la primera etapa de un viaje de mochileros de cinco días de duración a una zona virgen que no habíamos visitado antes. Sólo habíamos caminado durante unos cuarenta y cinco minutos, pero yo ya cubría la retaguardia (ahora soy el viejo pesado). Miro alrededor y asimilo el panorama cuando observo signos de alces en el camino —excrementos, huellas—. No están frescos, pero aun así, ni siquiera se me ocurrió que pudiéramos estar en territorio de alces. Me encantan estos animales. Ver uno es una celebración para mí. Con optimismo dudoso, oro: «Ay, Jesús… ¡sería fabuloso si pudiéramos ver un alce en algún momento de esta excursión!». Pienso en varios días a partir de este momento, una vez que hayamos llegado a la zona rural y, tal vez allí, sólo a una milla (un kilómetro y medio) de distancia. La respuesta inmediata de Jesús fue inexpresiva: *Lo verás*. Cuenta mil uno… mil dos… mil *pum*. Frente a nosotros, a sesenta yardas (aproximadamente cincuenta y cinco metros), hay un alce pastando en la pradera.

Su gracioso sentido de la oportunidad no podría haber sido más exquisito.

Al recordar la alegría de Jesús con los muchachos cuando hizo un «lleva dos» de la pesca milagrosa, echemos otro vistazo a la historia del «camino de Emaús»:

Aquel mismo día dos de ellos se dirigían a un pueblo llamado Emaús, a unos once kilómetros de Jerusalén. Iban conversando sobre todo lo que había acontecido. Sucedió que, mientras hablaban y discutían, Jesús mismo se acercó y comenzó a caminar con ellos; pero no lo reconocieron, pues sus ojos estaban velados.

—¿Qué vienen discutiendo por el camino? —les preguntó.

Se detuvieron, cabizbajos; y uno de ellos, llamado Cleofas, le dijo:

—¿Eres tú el único peregrino en Jerusalén que no se ha enterado de todo lo que ha pasado recientemente?

—¿Qué es lo que ha pasado? —les preguntó. (LUCAS 24:13-19)

Pausa. No hablarás en serio. Aquí hay dos de los discípulos de Jesús tan consternados como los corazones humanos pueden estarlo. Creen que él está muerto. Piensan que se terminó todo. Si en algún momento se clamó por buenas noticias sobre Jesús, fue este. Pero nuevamente, con qué *tranquilidad* ingresa en la escena, esta vez como un viajero que tiene que tomar un vuelo. Resoplando, se pone al paso de ellos, otra vez de manera «encubierta», otra vez como hace luego en la playa, para dejar que esta situación se desarrolle. Les pregunta por qué están tan alterados, ¡¿puedes creerlo?! Cleofas no puede. ¿Cómo es posible que este extraño no se haya enterado de lo que estuvo sacudiendo a Jerusalén en los últimos días? «¿Qué es lo que ha pasado?», pregunta Jesús.

Este... si alguien sabe «qué ha pasado», ése es Jesús. Es lo que *le* ha «pasado» a él, por Dios, lo más importante que le ha pasado. *¡¿Finge ignorancia?!* La historia continúa:

—Lo de Jesús de Nazaret. Era un profeta, poderoso en obras y en palabras delante de Dios y de todo el pueblo. Los jefes de los sacerdotes y nuestros gobernantes lo entregaron para ser condenado a muerte, y lo crucificaron; pero nosotros abrigábamos la esperanza de que era él quien redimiría a Israel. Es más, ya hace tres días que sucedió todo esto. También algunas mujeres de nuestro grupo nos dejaron asombrados. Esta mañana, muy temprano, fueron al sepulcro pero no hallaron su cuerpo. Cuando volvieron, nos contaron que se les habían aparecido unos ángeles quienes les dijeron que él está vivo. Algunos de nuestros compañeros fueron después al sepulcro y lo encontraron tal como habían dicho las mujeres, pero a él no lo vieron. (Lucas 24:19-24)

¿Recuerdas ahora cuál es el estado de ánimo de Jesús esta particular mañana de domingo? Sólo unas pocas horas antes salió del sepulcro con las llaves del infierno balanceándose en su cinturón y la redención de la humanidad en su bolsillo. ¿Será seguro decir que está alegre? ¿O incluso entusiasmado? ¿Alborozado? Cristo está casi tan feliz como cualquiera lo ha estado en la historia mundial. Pero, hasta el momento, sólo ha aparecido ante María Magdalena. Es el momento por que clama por que él se revela a estos seguidores traumatizados por la guerra: «¡Miren, soy yo! ¡Estoy vivo! ¡Todo estará bien! ¡Regocíjense! ¡Díganle al mundo!».

Él no lo hace.

Sigue disimulando, en apariencia durante un tiempo, y disertando sobre los puntos destacados del Antiguo Testamento mientras los tres marchan pesadamente. Luego llega este momento increíble:

Al acercarse al pueblo adonde se dirigían, Jesús hizo como que iba más lejos. Pero ellos insistieron:

—Quédate con nosotros, que está atardeciendo; ya es casi de noche.

Así que entró para quedarse con ellos. (Lucas 24:28-29)

¡¿*Hizo como que* iba más lejos?! «Fue bueno conversar con ustedes, amigos. Siento mucho su pérdida. Espero que todo mejore. Pero me tengo que ir». ¿Cómo? ¡¿Jesús asume el rol de un actor y simula que tiene que seguir adelante para que le *rueguen* que se quede?! Ah, bien. Si insisten. «Luego, estando con ellos a la mesa, tomó el pan, lo bendijo, lo partió y se los dio. Entonces se les abrieron los ojos y lo reconocieron, pero él desapareció» (Lucas 24:30-31). Zas. Nos vemos.

¿Cómo entendemos esta historia? El comportamiento de Jesús (a) es estrafalario; (b) tiene la intención de hacer comprender una lección espiritual confusa que, si se incluye el sentido de la oportunidad (¿lo *primero* que hace después de resucitar?) y su dramatización, es *más* estrafalario aún o (c) es alegre. Dado que es el Dios de una creación alegre en la mañana de su resurrección, él, que fue tan animado con sus discípulos en los años que estuvieron juntos, a quien vemos hacer la broma privada a sus amigos más cercanos a una semana de este momento, apostaría que la respuesta es alegre.

¿Cómo nos perdimos esto? Pregúntate: *¿Es éste el Jesús de mis amigos? ¿De mi iglesia? ¿Es éste el Jesús al que oramos? ¿Es esto lo que espero de Jesús?*

CAPÍTULO CUATRO

FIRME PROPÓSITO

Desde entonces comenzó Jesús a advertir a sus discípulos que tenía que ir a Jerusalén y sufrir muchas cosas a manos de los ancianos, de los jefes de los sacerdotes y de los maestros de la ley, y que era necesario que lo mataran y que al tercer día resucitara. Pedro lo llevó aparte y comenzó a reprenderlo:

—¡De ninguna manera, Señor! ¡Esto no te sucederá jamás!

Jesús se volvió y le dijo a Pedro:

—¡Aléjate de mí, Satanás! Quieres hacerme tropezar; no piensas en las cosas de Dios sino en las de los hombres. (Mateo 16:21-23)

Un momento. Esto no suena muy alegre.

¿Quiénes somos nosotros para hacer un cielo despejado de los cambios repentinos de humor que prorrumpen de Jesús como un trueno? Si tus hijos actuaran de esta manera, los enviarías a sus habitaciones. Sea lo que sea, por cierto no tenemos a un hombre de emociones moderadas o pasividad bidimensional.

Por alguna razón, solemos olvidarnos que Jesús opera en territorios enemigos. Proyectamos un telón pastoral en las historias del evangelio, el exótico encanto de un folleto turístico de Medio Oriente —aldeas pintorescas, mercados bulliciosos, niños sonrientes— y Jesús recorriendo todo esto como un hijo que llega a casa de la universidad. Olvidamos el contexto en el que se desarrollan su vida y su misión. Su historia comienza con un *genocidio* —la masacre de los inocentes, el intento de Herodes por matar a Jesús al ordenar la ejecución sistemática de todos los jóvenes de los alrededores de Belén—. Nunca vi que se incluyera esto en ninguna escena del pesebre, jamás. ¿Quién podría tolerarlo? Debes imaginar que la limpieza étnica es lo que se vio en Bosnia, Ruanda y Burma durante el siglo xx. Atrocidad, el suelo inundado con la sangre de niños que, cinco minutos antes, reían y jugaban.

Dios el Padre, al saber que esto está por ocurrir, envía un ángel para advertir a José:

> Cuando ya se habían ido, un ángel del Señor se le apareció en sueños a José y le dijo: «Levántate, toma al niño y a su madre, y huye a Egipto. Quédate allí hasta que yo te avise, porque Herodes va a buscar al niño para matarlo.» Así que se levantó cuando todavía era de noche, tomó al niño y a su madre, y partió para Egipto, donde permaneció hasta la muerte de Herodes. (MATEO 2:13-15)

La pequeña familia huye del país al abrigo de la noche, como los fugitivos. La estrategia del Padre es intrigante. Sin duda que Dios podría sencillamente haber eliminado a Herodes. O enviar ángeles para rodear a la familia sagrada. ¿Por qué debían precipitarse para salvar sus vidas? Debería hacerte pensar dos veces sobre la manera en que Dios se ocupa de sus planes en este mundo. Pero continuemos con los hechos: un ángel en la noche, una fuga en la oscuridad, un escape al sur de la frontera como si fueran facinerosos. De este modo comienza un juego peligroso del gato y el ratón:

Algún tiempo después, Jesús andaba por Galilea. No tenía ningún interés en ir a Judea, porque allí los judíos buscaban la oportunidad para matarlo. (Juan 7:1)

Pero los fariseos salieron y tramaban cómo matar a Jesús. Consciente de esto, Jesús se retiró de aquel lugar. (Mateo 12:14-15)

Nuevamente intentaron arrestarlo, pero él se les escapó de las manos. Volvió Jesús al otro lado del Jordán, al lugar donde Juan había estado bautizando antes; y allí se quedó. (Juan 10:39-40)

¿Puedes ver sin duda que Jesús era un hombre *perseguido*?

No podemos comprender sus acciones ni disfrutar de la riqueza de su personalidad hasta que no las ponemos en contexto. El hombre está operando muy detrás de las líneas enemigas. Esto aporta color a sus extraordinarios movimientos a través de las páginas de los Evangelios y ayuda a deshacerse de esa benévola neblina religiosa que se sigue introduciendo con sigilo en nuestra lectura. También otorga profundidad y sarcasmo a momentos de autorrevelación como «el Hijo del hombre no tiene dónde recostar la cabeza» (Mateo 8:20). Porque era un hombre perseguido.

¿Pero no es más cierto decir que él es el Persecutor?

Cuando Jesús hace su aparición después de esos treinta años de casi total anonimato para ocuparse de la tarea que tiene por delante, tanto los hombres como los demonios comienzan a sentir su firme propósito:

Jesús pasó a Capernaúm, un pueblo de Galilea, y el día sábado enseñaba a la gente. Estaban asombrados de su enseñanza, porque les hablaba con autoridad.

Había en la sinagoga un hombre que estaba poseído por un espíritu maligno, quien gritó con todas sus fuerzas:

—¡Ah! ¿Por qué te entrometes, Jesús de Nazaret? ¿Has venido a destruirnos? Yo sé quién eres tú: ¡el Santo de Dios!

—¡Cállate! —lo reprendió Jesús—. ¡Sal de ese hombre!

Entonces el demonio derribó al hombre en medio de la gente y salió de él sin hacerle ningún daño.

Todos se asustaron y se decían unos a otros: «¿Qué clase de palabra es ésta? ¡Con autoridad y poder les da órdenes a los espíritus malignos, y salen!» (LUCAS 4:31-36)

No es posible apreciar esta dificultad hasta que no lo intentas por ti mismo. La mayoría de nosotros no caminaríamos por un callejón oscuro si pudiéramos evitarlo. En el comienzo de su novela *Perelandra*, C. S. Lewis cuenta la historia de un hombre llamado a ayudar a un amigo en una tarea muy importante, a la que se oponen unas fuerzas oscuras. Mientras deja la estación de tren y comienza su caminata en dirección a la casa de su amigo en la mortecina penumbra, se encuentra con la Oposición:

«Vuelve, vuelve, envíale un cable, dile que te enfermaste, que vendrás en otra ocasión.» La fuerza de ese sentimiento me asombró. Me detuve un instante, diciéndome que era ridículo, y cuando al fin reanudé la marcha me pregunté si no sería el principio de un colapso nervioso.[1]

Pasa por una fábrica abandonada que luce «increíblemente ominosa»[2] El miedo se desliza. Lo asaltan dudas sobre su amigo. Luego dudas sobre su visión acerca del universo. Después más pensamientos relacionados con la posibilidad de tener un colapso nervioso y todo parece confirmarse por el caos vertiginoso de su mente y de sus emociones. Se pregunta si se estará volviendo loco.

Ya había dejado atrás la fábrica y me internaba en la fría neblina. Después hubo un momento —el primero— de terror absoluto, y tuve que morderme el labio para contener un alarido. Era solo un gato que cruzaba el camino, pero me encontré totalmente fuera de mí. «Pronto te pondrás a gritar de veras —dijo mi torturador interior—, correrás y gritarás sin poder contenerte.» (…)

De cualquier modo, *no sé* describir cómo llegué a la puerta de la casa. De alguna manera, a pesar del recelo y la consternación que me instigaban a regresar, de la invisible muralla de resistencia que frenaba mi penoso avance, y conteniendo un alarido cuando una inofensiva ramilla del seto me rozó el rostro, logré trasponer el portón y atravesar el corto sendero. Y pronto estaba golpeando la puerta, moviendo el picaporte y gritando que me dejara entrar, como si la vida me fuera en ello.[3]

Un relato escrito con tal verosimilitud no puede sino provenir de la experiencia personal. Muchos han soportado algo similar, aunque sea en pesadillas. Y este pobre sujeto no hacía más que intentar ir de la estación a la casa. Jesús se acercó a personas con espuma en la boca que estaban poseídas por el demonio y se enfrentó directamente a los antiguos espíritus. Muy deliberado. Bastante firme.

Luego se desencadenó la tormenta eléctrica en el templo.

Estaba cerca la pascua de los judíos; y Jesús subió a Jerusalén, y halló en el templo a los que vendían bueyes, ovejas y palomas, y a los cambistas allí sentados. Entonces hizo un azote de cuerdas y expulsó del templo a todos, y a las ovejas y bueyes; esparció las monedas de los cambistas y volcó las mesas, y dijo a los que vendían palomas: «Saquen esto de aquí, y no conviertan la casa de mi Padre en un mercado.» Entonces sus discípulos se acordaron de que está escrito: «El celo de tu casa me consume.» (Juan 2:13-17 RVC)

En dos versos vacía el templo, un rumor que se lee como el

chasquido de un látigo. Pero analicemos la acción con detenimiento. Primero, Jesús observa los chanchullos y lo enfurecen. Luego se toma el tiempo para fabricar un arma. ¿Dónde consiguió esas cuerdas? Esto requiere algo de observación. Una vez que las encontró, tuvo la paciencia y la previsión para entrelazarlas correctamente y hacer un látigo utilizable —sabe lo que se necesita para mover mucho ganado sedentario y especuladores arrogantes—. Hay suficiente tiempo como para calmarse si esto no es más que un arranque de ira. Pero no, es una agresión planificada y constante. (Particularmente inquietante para los pacifistas).

Continuando con el texto, dice que entonces él usó ese látigo para hacerlos salir a *todos* del templo, tanto a las ovejas como a las reses. Se habría guardado el ganado en una especie de corral; habrían estado de pie durante horas, lánguidos y soñolientos. Un hombre enojado se abalanzó sobre ellos con un látigo y encendió el pánico. Pánico colectivo. En segundos, los animales se alimentaron del miedo de los otros. Imagina las reses y las ovejas corriendo para salvar sus vidas, derribando los corrales, sus pezuñas resbalándose frenéticamente en las baldosas, desesperándolos más aún. Aquí tenemos una estampida.

Luego dice que *derramó* las monedas de los cambistas y tiró sus mesas. Se rumorea que los cambistas —piensa en «hombres que se ganan la vida mediante la extorsión»— estaban sentados a las mesas. ¿Cuán fácil es moverse con cuidado y rapidez cuando se está sentado al mismo tiempo que se sacan las piernas de la mesa que se da vuelta frente a ti? Más pánico. Mientras tanto, las monedas —Jesús no les permite recogerlas y alejarse de manera disciplinada—. *Arroja* las monedas y las esparce. Esto resulta explosivo. Es probable que hayas hecho que un puñado de monedas se caiga del mostrador; saltan para todos lados como si fuera un jarro con canicas. Imagina el caos provocado por cientos y cientos de monedas que brotan de los pisos de piedra.

Ahora junta todo esto. Los animales entraron en pánico y corrían en todas las direcciones, sus cuidadores los perseguían gritando y tratando de tener el control —algo que sólo incrementa el pánico—. Agrega a los cambistas especuladores que gatean por el piso tratando de tomar sus monedas deambulantes. Imagina el *ruido* —los bramidos del ganado asustado junto con la caída de los corrales, las mesas, las monedas y los gritos furiosos de los hombres indignados—. Además de todo esto, los gritos de Jesús. Es el caos absoluto. Alguien que grita «fuego» en un casino no estará alejado de la realidad.

De seguro que es un hombre firme y de propósitos. Pero sus pasiones no son imprudentes ni pasajeras. En el medio de la furia hay una ternura conmovedora hacia las palomas —estaban enjauladas—. Si Cristo fuera a arrojarlas al piso como hizo con las mesas, los pájaros —inocentes como, bueno, palomas—, se habrían lastimado. Entonces ordena que se las lleven.

¿Es posible que una figura pequeña y poco intimidante logre este disturbio continuo? Lograr que «todos salgan del templo» requirió de más de unos pocos segundos y de varios estallidos. Se trata de un ataque continuo. Si un hombre frágil con una voz sumisa lo intentara, quedaría obstaculizado por tamaña cantidad y por la inercia del tránsito. Jesús es una locomotora, un camión gigante. A los efectos prácticos, *es* el elefante en la cristalería.

Éste es nuestro Jesús.

¿Pero es el Jesús de nuestras canciones de adoración? La niebla religiosa entra a hurtadillas para ocultar a Jesús mediante líneas que lo comparan con «una rosa pisoteada en el suelo». Indefenso y adorable Jesús. Vegetariano, pacifista y tranquilo. Oh, espera, ése era Gandhi, no Jesús.

¿Puedes imaginarte a Gandhi o a Buda irrumpiendo en el centro electoral de una votación local a los gritos, dando vuelta las mesas y echando a los participantes? Ahora agrega un carnaval a la mezcla, que también necesitan hacer salir. Imposible. Quien haya hecho esto debe de estar verdaderamente comprometido a desalojar el edificio. Firme y con propósito.

Ésta es una cualidad impresionante, *en especial* cuando se la compara con nuestra época actual en la que la duda simula ser humildad, la pasividad se camufla de descanso y la indecisión reprimida se hace pasar por inspiración relajada.

Oh, Jesús pudo ser indulgente y por cierto fue humilde, pero su firme propósito es digno de ver. Obsérvalo frente a la tumba de Lázaro:

> A su llegada, Jesús se encontró con que Lázaro llevaba ya cuatro días en el sepulcro… Cuando María llegó adonde estaba Jesús y lo vio, se arrojó a sus pies y le dijo:
>
> —Señor, si hubieras estado aquí, mi hermano no habría muerto.
>
> Al ver llorar a María y a los judíos que la habían acompañado, Jesús se turbó y se conmovió profundamente. (JUAN 11:17, 32-33)

Esta expresión «se turbó y se conmovió profundamente» parece imprecisa. Me «conmuevo profundamente» cuando alguien recuerda mi cumpleaños. Un profesor universitario de Oxford que pierde sus notas se «turba». Ni siquiera hemos logrado acercarnos a la verdadera naturaleza de su humor. La raíz de la palabra griega significa «bufar de ira», como un caballito de batalla. Peterson lo traduce al inglés como «*a deep anger welled up within him*» (John 11:33 *The Message)*, cuya traducción al español sería «una intensa ira brotó dentro de sí». Sí, así es mejor, por supuesto que sí. Es el Príncipe de la Vida quien vino para que pudiéramos vivir; ¿cuál crees que es su actitud personal hacia la muerte? ¿Y sobre la muerte de un amigo cercano? Odio la muerte. Creo que es lo que más odio en el mundo.

Jesús también tiene sentimientos muy fuertes hacia ella. «Profundamente conmovido» no significa que alguien deba tomarlo del brazo y ayudarlo a ir hacia el ataúd. La pena se apodera de Jesús.

Algo firme crece en él. Brota una segunda ronda de esta ira de caballito de batalla:

> Conmovido una vez más, Jesús se acercó al sepulcro. Era una cueva cuya entrada estaba tapada con una piedra.
> —Quiten la piedra —ordenó Jesús.
> Marta, la hermana del difunto, objetó:
> —Señor, ya debe oler mal, pues lleva cuatro días allí.
> —¿No te dije que si crees verás la gloria de Dios? —le contestó Jesús.
> Entonces quitaron la piedra. Jesús, alzando la vista, dijo:
> —Padre, te doy gracias porque me has escuchado. Ya sabía yo que siempre me escuchas, pero lo dije por la gente que está aquí presente, para que crean que tú me enviaste.
> Dicho esto, gritó con todas sus fuerzas:
> —¡Lázaro, sal fuera! (JUAN 11:38-43)

Oh, haber escuchado esta orden, el poderío de su voz. Juan usa la palabra *fuerza* para describirlo; usa este mismo término para describir la ferocidad de una tormenta que casi hunde su bote. Aparentemente, esta orden de Jesús le recordó a Juan la intensidad de una tormenta. Jesús no le pide a Lázaro que salga; tampoco se lo sugiere. Le ordena volver a la vida con el fragor de un trueno y el estruendo de un relámpago. Con obediencia, Lázaro sale a los saltos como una momia:

> El muerto salió, con vendas en las manos y en los pies, y el rostro cubierto con un sudario.
> —Quítenle las vendas y dejen que se vaya —les dijo Jesús.
> (JUAN 11:44)

Jesús terminó este asunto con la orden eficiente de «quítenle las vendas y dejen que se vaya», como un negociador de rehenes que acaba de liberar a una víctima.

G. K. Chesterton llevó adelante algo así como una investigación personal para saber cuál será la impresión general de una persona que lee los Evangelios sin tener información previa sobre Jesús. Los resultados lo sorprendieron:

> El Evangelio está cargado de gestos repentinos claramente significativos, pero que difícilmente acertamos a explicar; de silencios enigmáticos, de contestaciones irónicas. Los arrebatos de ira, como tormentas sobre nuestras atmósfera, no parecen estallar exactamente donde esperaríamos, sino que parecen seguir un mapa del tiempo superior y propio.[4]

Sin embargo tienen sentido cuando entiendes que se trata de un hombre siguiendo su misión. Que el mismo hombre que puede ser alegre también puede estar en llamas. Si conocieras a Jesús, sabrías que esto —su firme propósito— es esencial para su personalidad.

La naturaleza aporta sus testigos. Piensa en un león africano, al acecho entre la altura del pasto, acercándose a su presa —el despiadado foco, el entusiasmo alerta—. O en la mirada de un gorila macho adulto cuando da la vuelta para enfrentarse a un intruso que cruza la frontera oculta de su manada. ¿Y qué tal una madre oso pardo cuando sus oseznos están amenazados? Seiscientas libras (unos trescientos kilogramos) de furia implacable. Ahora imagina que no estás viendo estas escenas en el canal de la naturaleza, sino a treinta pies (nueve metros) de distancia. Oh, sí, encontramos un firme propósito en la naturaleza, que refleja la personalidad del Artista.

Saber esto —*deleitarnos* con esto— nos ayuda a deleitarnos con sus acciones tan provocativas del sabbat. No hay nada como la falsedad religiosa arrogante para despertar esta parte de Jesús:

Un sábado Jesús estaba enseñando en una de las sinagogas, y estaba allí una mujer que por causa de un demonio llevaba dieciocho años enferma. Andaba encorvada y de ningún modo podía enderezarse. Cuando Jesús la vio, la llamó y le dijo:

—Mujer, quedas libre de tu enfermedad.

Al mismo tiempo, puso las manos sobre ella, y al instante la mujer se enderezó y empezó a alabar a Dios. Indignado porque Jesús había sanado en sábado, el jefe de la sinagoga intervino, dirigiéndose a la gente:

—Hay seis días en que se puede trabajar, así que vengan esos días para ser sanados, y no el sábado.

—¡Hipócritas! —le contestó el Señor—. ¿Acaso no desata cada uno de ustedes su buey o su burro en sábado, y lo saca del establo para llevarlo a tomar agua? Sin embargo, a esta mujer, que es hija de Abraham, y a quien Satanás tenía atada durante dieciocho largos años, ¿no se le debía quitar esta cadena en sábado?

Cuando razonó así, quedaron humillados todos sus adversarios, pero la gente estaba encantada de tantas maravillas que él hacía. (Lucas 13:10-17)

Nada es tan sofocante como el legalismo religioso. Aquí, en el único lugar donde esta mujer podía tener la esperanza de conseguir la libertad, se le niega durante dieciocho años. Jesús está indignado por esto. Humilla públicamente a los defensores de este cautiverio sacralizado. Su acción no hará justamente que se congracie con las autoridades. Dudo mucho que «la disposición para humillar públicamente a los fariseos» esté en alguna lista de requisitos de los candidatos pastorales; no creo que deba ser así. Realizar con justificación este tipo de cosas tiene una santidad peculiar. Pero las personas vitorean y no podía ser de otra manera.

También está la historia a la que me referí antes en la que se mitiga la lluvia e, inmediatamente después, sucede el encuentro con la Legión. En los tres Evangelios sinópticos, estas dos historias están relacionadas —una tormenta aterradora y después un endemoniado espeluznante. En estos tres relatos, Jesús —quien dormía en la popa de la embarcación hundida— se levanta para enfrentarse a la tempestad como un sargento: «¡Silencio! ¡Quieto!». Ahora, ¿por qué necesita *increpar* a la tormenta? La palabra *epitimao* es la misma que se utiliza cuando Jesús ordena a los espíritus viles que salgan de las personas. Es fascinante, fue necesario increpar a la tormenta. El episodio siguiente en las tres sinopsis encuentra a Cristo pisando la costa para enfrentarse a la Legión.

Libera al hombre, los vecinos del lugar montan en cólera contra Jesús y él vuelve en seguida al bote y regresa al otro lado. ¿Hizo todo ese esfuerzo por un solo hombre? Terminó de esa manera. Y Jesús dijo algo sobre dejar noventa y nueve para hallar uno. Por cierto que es un doble juego imponente y, a la vez, aterrador. Es así, Jesús es aterrador. Todo lo demás tiembla en su presencia.

Y luego regresa a Jerusalén, vuelve a la ciudad amurallada como un general que retorna con su tropa al momento más acalorado de la batalla. Unos pocos fariseos honestos (¿Nicodemo, tal vez?) le hacen una advertencia: «Sal de aquí y vete a otro lugar, porque Herodes quiere matarte». Él les contestó: «Vayan y díganle a ese zorro: "Mira, hoy y mañana seguiré expulsando demonios y sanando a la gente, y al tercer día terminaré lo que debo hacer"» (Lucas 13:31-32). Este hombre no se sentirá intimidado, ni dejará que nada lo haga desistir. Esto seguro que pone a la reprimenda de Pedro —cuando trató de disuadir a Jesús— en contexto, palabras que, de otra manera, se sentirían hirientes e innecesariamente crueles.

Sí, hay cierta calma en Jesús. Dejará de hacer lo que esté haciendo para ayudar a alguien que lo necesita. El hombre no parece estar nunca apurado. Pero sus modales pueden apreciarse sólo a la luz de un río más profundo que fluye en él, su firme propósito. De lo contrario, se obtienen esos retratos populares y ridículos de Jesús como

CAPÍTULO CINCO

EL ROSTRO MÁS HUMANO DE TODOS

Todo esto puede empezar a sonar tan majestuoso y noble que termina teniendo el efecto *opuesto* al buscado —comenzamos a perder a Jesús—. Él ya va camino al cielo, hacia el techo, para tomar su lugar en el vidrio de colores.

Porque algo se inmiscuyó con sigilo en nuestras presunciones sobre Jesús y hace que sea casi imposible comprenderlo, ni qué decir amarlo. Digo «inmiscuyó» porque no fue una decisión consciente; pocas de las cosas que moldean nuestras verdaderas convicciones lo son. Pienso que gran parte de esta intromisión sucedió, irónicamente, como consecuencia de nuestros intentos por amar y venerar a Cristo. Pero este tipo de intromisión ocasiona, como ya ocasionó, grandes daños en nuestra percepción acerca de él, en nuestra *experiencia* de él.

Es la idea de que Jesús estaba realmente «fingiendo» cuando se presentó a sí mismo como un hombre.

Nosotros, que adoramos a Jesucristo, nos aferramos a la creencia de que él era Dios. «Dios verdadero de Dios verdadero», como establece el Símbolo niceno. Las acciones heroicas y los poderes milagrosos de la vida de Jesús dan fe de esto. Entonces, cuando leemos lo que denominaríamos momentos más humanos, sentimos que Jesús estaba algo así como... engañando. Con una inclinación de la cabeza y un guiño *sabemos* que lo que *realmente* sucede es que Einstein pasó de visita para tomar el examen de matemáticas de primer grado. Mozart está tocando un compás en el coro de flauta del jardín de infancia. Después de todo, aquí estamos hablando de *Jesús*. El tipo caminó sobre el agua, levantó a Lázaro de entre los muertos. Nunca sudó, ¿verdad?

Pero entonces, ¿cómo entendemos ese terrible esfuerzo en Getsemaní?

> Fueron a un lugar llamado Getsemaní, y Jesús les dijo a sus discípulos: «Siéntense aquí mientras yo oro.» Se llevó a Pedro, a Jacobo y a Juan, y comenzó a sentir temor y tristeza. «Es tal la angustia que me invade que me siento morir —les dijo—. Quédense aquí y vigilen.»
>
> Yendo un poco más allá, se postró en tierra y empezó a orar que, de ser posible, no tuviera él que pasar por aquella hora. Decía: «Abba, Padre, todo es posible para ti. No me hagas beber este trago amargo, pero no sea lo que yo quiero, sino lo que quieres tú.»...Pero, como estaba angustiado, se puso a orar con más fervor, y su sudor era como gotas de sangre que caían a tierra. (MARCOS 14:32-36; LUCAS 22:44)

Temor y tristeza.
La angustia me invade.
Angustiado.

Esto no me suena a alguien que está engañando. Le *suplica* a su Padre, con lágrimas, que no le haga beber ese trago amargo. Por favor, permitamos que sea de otra manera. Él no quiere hacerlo. Sudor que se asemeja a sangre que se derrama de su frente atormentada. Le suplica a su Padre, luego suplica una segunda vez y una tercera. ¿Suena esto a Einstein sumando dos más dos?

Si Jesús estaba fingiendo, Getsemaní fue la farsa más terrible. Él era humano. En verdad.

¿Recuerdas la famosa historia de su proceso en el desierto? Bueno, después de esos cuarenta días de ayuno, «tuvo hambre» (Lucas 4:2). Una mañana, en camino a Jerusalén, ve una higuera porque «tuvo hambre» (Mateo 21:18). Muchos lectores recuerdan el encuentro que tuvo Jesús con una mujer junto a un pozo. Según el relato, «Jesús, fatigado del camino, se sentó junto al pozo. Era cerca del mediodía. En eso llegó a sacar agua una mujer de Samaria, y Jesús le dijo: "Dame un poco de agua"» (Juan 4:6-7). Espera, ¿Jesús tuvo *hambre*? *¿Cansancio? ¿Sed?* Ajá. Eso es lo que dice. Era humano.

Los Evangelios están llenos de hermosas y memorables descripciones de la humanidad de Jesús. Una de las más conmovedoras sucede cuando se entera de que su primo Juan murió en la guillotina.

En el cumpleaños de Herodes, la hija de Herodías bailó delante de todos; y tanto le agradó a Herodes que le prometió bajo juramento darle cualquier cosa que pidiera. Instigada por su madre, le pidió: «Dame en una bandeja la cabeza de Juan el Bautista.» El rey se entristeció, pero a causa de sus juramentos y en atención a los invitados, ordenó que se le concediera la petición, y mandó decapitar a Juan en la cárcel. Llevaron la cabeza en una bandeja y se la dieron a la muchacha, quien se la entregó a su madre. Luego llegaron los discípulos de Juan, recogieron el cuerpo y le dieron sepultura. Después fueron y avisaron a Jesús. Cuando Jesús recibió la noticia, se retiró él solo en una barca a un lugar solitario. (MATEO 14:6-13)

Jesús sube a la barca, deja a la multitud, y navega a un lugar solitario. El hombre que se ofrece a otros sin cesar necesita escaparse. Precisa un lugar para lamentarse, tal como te sucedería a ti. No puedo decir esto con más énfasis: la vida *afectó* a Jesús. «Hemos derramado tantas cenizas sobre Jesús, el personaje histórico, que ya casi no sentimos el brillo de Su presencia» se apena Brennan Manning. «Él es un hombre de una manera que olvidamos que los hombres podían ser: sincero, franco, emotivo, nada manipulador, sensible, compasivo».[1]

Jesús nunca hizo nada con desgano. Cuando aceptó nuestra humanidad, no montó un espectáculo para hacer una jugarreta. La aceptó de forma tan entera y total que fue capaz de morir. Dios no puede morir. Pero Jesús sí.

Saber que Jesús comparte tu humanidad, te hará sentir bien. Él fue, como insisten los credos, completamente humano. (Sí, sí, de seguro que mucho más que eso. Pero nunca menos que eso). No tengo dudas de que las ardillas listadas lo hicieron reír. Seguro que los Fariseos lo enfurecieron. Sintió alegría, debilidad, pena. Cuanto más comprendamos su humanidad, más lo veremos como alguien a quien podemos acercarnos, conocer, amar, creer y adorar.

Déjame asegurarte que durante años me aferré al Símbolo niceno y a la fe ortodoxa que sigue la iglesia; Jesús fue, de alguna manera, Dios y hombre. En los últimos cien años se publicaron una gran cantidad de libros ridículos que sostienen que Jesús fue *sólo* un hombre. Sin embargo, una reacción en el otro extremo también es errónea. Él no es Mozart haciendo música con los niños del jardín de infancia. Aquí no analizaremos los detalles técnicos que los teólogos usaron para tratar de explicar la mecánica de cómo se convirtió en humano, pero siguió siendo Dios Hijo. Tratar de diseccionar esto ahora sería no captar lo relevante. Nuestros pequeños cerebros parecen ser capaces de tener sólo uno o dos pensamientos. En este momento, estamos intentando recuperar su verdadera humanidad.

Observa de qué manera, aun en este momento, trabaja la niebla religiosa para prevenirte: *Esto es irreverente. Incluso una herejía. Está insistiendo demasiado. Pero AHORA Jesús asciende, entonces nada de esto interesa.* Cuanto más ladran los perros, más cerca estás del hueso. Jesús estaba cansado, hambriento, sediento porque aceptó nuestra humanidad. Lee detenidamente:

Y el Verbo se hizo hombre y habitó entre nosotros. (JUAN 1:14)

Por tanto, ya que ellos son de carne y hueso, él también compartió esa naturaleza humana. (HEBREOS 2:14)

Por el contrario, se rebajó voluntariamente, tomando la naturaleza de siervo y haciéndose semejante a los seres humanos. Y al manifestarse como hombre, se humilló a sí mismo y se hizo obediente hasta la muerte, ¡y muerte de cruz! (FILIPENSES 2: 7-8)

Ya mencioné mi enojo en el museo con el arte clásico que representa el nacimiento de Jesús, el Súper bebé. No me enojé porque estuviera mal hecho, sino porque era maravilloso, tan respetuoso, que hacía más difícil aun recordar que Jesús era *humano*. La encarnación es uno de los tesoros más grandes de nuestra fe. El mundo continúa alejando a Dios y se siente más cómodo si él está en algún lugar del cielo. Sin embargo, con la llegada de Jesús, se acerca. *Se acerca increíblemente.* Él acepta nuestra humanidad. ¿Cómo puede acercarse más? Mama del pecho de María.

Una de mis reflexiones navideñas preferidas proviene de este pasaje de Chesterton (se refiere a Belén y a lo que se lleva a cabo al pie de las colinas esa noche fatídica):

Los reyes extranjeros desaparecen en la lejanía y las montañas dejan de resonar con las pisadas de los pastores. Y sólo la noche y la cueva yacen pliegue sobre pliegue sobre algo más humano que la Humanidad.[2]

Saboreemos este pasaje por unos segundos. ¿El pesebre que María usó como cuna contenía algo *más* humano que la humanidad? ¿Crees que Jesús es el ser más humano que haya existido?

Es cierto.

Los estragos del pecado, la negligencia, el abuso y otras miles de adicciones nos han dejado a todos un indicio de lo que debemos ser. Jesús es la humanidad en su forma más genuina. Su título preferido fue el Hijo del *Hombre*. No de Dios, del hombre.

Observamos la naturaleza y allí vimos reflejada su alegría, así como su firme propósito. ¿Ves también su humanidad representada en la creación? Este… bueno… contempla el espejo. Eres lo único en este mundo que se dice que se creó directamente a su imagen. Tu humanidad es un reflejo de la humanidad de Jesús. Jesús siente, tú sientes. Jesús desea, tú deseas. Jesús llora, tú lloras. Jesús ríe, tú ríes. Es un pensamiento muy sorprendente.

El exceso de cuentos «celestiales» aleja a Jesús. Su humanidad lo acerca nuevamente.

También nos ayuda a recuperar su personalidad cautivante en los Evangelios.

Siempre me pregunté por qué Jesús, habiendo curado a alguien, pidió de inmediato que se guardara silencio. Después de otorgar una vista perfecta a dos ciegos, «Jesús les advirtió con firmeza: "Asegúrense de que nadie se entere de esto"» (Mateo 9:30). Les advirtió con firmeza, ¿qué se esto? Hace lo mismo después de curar a un leproso. «Jesús lo despacha inmediatamente con una fuerte advertencia: "Mira, no se lo digas a nadie"» (Marcos 1:44). ¿Una fuerte advertencia? Pero… ¿no era el momento para sacarlo a la luz? ¿Y el asunto no eran justamente los milagros? Estos muchachos son los modelos ahora, la prueba viviente de las demandas de Jesús.

Tal vez está usando la psicología inversa porque sabe que, cuanto más se pide que no se hable sobre algo, más se hará. ¿Será simplemente su técnica para hacer hablar a la prensa? Sin duda que tiene ese efecto. Los dos ciegos «salieron para divulgar por toda aquella región la noticia acerca de Jesús» (Mateo 9:31). El leproso curado «salió y comenzó a hablar sin reserva, divulgando lo sucedido» (Marcos 1:45).

Pero espera, Marcos explica por qué Jesús hizo esto:

«Mira, no se lo digas a nadie; sólo ve, preséntate al sacerdote y lleva por tu purificación lo que ordenó Moisés, para que sirva de testimonio. Pero él salió y comenzó a hablar sin reserva, divulgando lo sucedido. Como resultado, Jesús ya no podía entrar abiertamente en ningún pueblo, sino que se quedaba afuera, en lugares solitarios. Aun así, gente de todas partes seguía acudiendo a él» (Marcos 1-44:45).

Es un triste comentario editorial. Jesús ya ni siquiera puede tener un momento de descanso. Los *paparazzi* están por todas partes. No le molesta pasar una noche orando en la montaña, ¿pero nunca tener acceso a una cama y una comida caliente? Las duras advertencias de Jesús revelan sus fuertes *deseos*, deseos muy humanos. «Por favor, no se lo digas a nadie». No quería verse forzado a dormir en el bosque.

Jesús disfruta de las personas. Sabes que no todos lo hacen. En muchas historias se lo encuentra festejando con una multitud bulliciosa. Invitó a doce hombres a pasar día y noche con él durante tres años. Su anhelo de compañía se intensifica hasta el punto culminante de Getsemaní. «Se llevó a Pedro y a los dos hijos de Zebedeo. … "Quédense aquí y manténganse despiertos conmigo"» (Mateo 26:37-38). No me dejen solo, no ahora. Qué desesperantemente humano. Sí, Jesús conoció la soledad. No está fingiendo.

El hombre que creó el corazón humano —cuyo propio corazón fue tan amable y vasto— sintió con intensidad. Él, que creó el amor y la amistad, ansiaba contar con esto.

Ahora, hay defensores de la fe —bastante elocuentes en nuestro tiempo y muy convincentes en su fervor por proteger la gloria de Dios— que te atacarán por sugerir que Dios no quiere otra cosa de ti que no sea obediencia. Sugerirlo, desde su punto de vista, es empequeñecer la suficiencia absoluta de Dios. Sin embargo, ¿es eso lo que se observa en Getsemaní, un Dios que no podría interesarse menos en si sus amigos se quedan o se van? Quédense aquí y manténganse despiertos conmigo. No se trata de un superhéroe acerado e indiferente a la condición humana. Está muy lejos de serlo.

Y la soledad es algo que todos compartimos con él. «Toda la convicción de mi vida», escribió Thomas Wolfe, «se basa ahora en la creencia de que la soledad —muy distante de ser un fenómeno raro y curioso, característico de mí y de otros pocos hombres solitarios— es el hecho central e inevitable de la existencia humana». Estar perdido o ser malinterpretado. Ser juzgado injustamente. Ser querido por lo que se puede hacer y no por lo que se es. Que pasen los años y ni siquiera los más cercanos te valoren ni conozcan. Puedes apreciar el dolor de sentirse perdido en las famosas palabras sobre Jesús de Juan 14:

> No se angustien. Confíen en Dios, y confíen también en mí. En el hogar de mi Padre hay muchas viviendas; si no fuera así, ya se lo habría dicho a ustedes. Voy a prepararles un lugar. Y si me voy y se lo preparo, vendré para llevármelos conmigo. Así ustedes estarán donde yo esté. … —Señor —dijo Felipe—, muéstranos al Padre y con eso nos basta.
>
> —¡Pero, Felipe! ¿Tanto tiempo llevo ya entre ustedes, y todavía no me conoces? (JUAN 14:1-9)

En este preciso momento y lugar Cristo está haciendo todo lo que puede para consolar a sus discípulos y prepararlos para su inminente ejecución; no sólo les asegura que todo estará bien, sino que les promete que su compañía continuará por la eternidad. En este momento admirable de seguridad relacional, sus discípulos más cercanos demuestran lo poco que conocen a Jesús, y puedes observar cómo lo lastima: «¿Tanto tiempo llevo aquí, y todavía no me conoces?». Prácticamente puedes ver el dolor en sus ojos.

Imagina que vives toda tu existencia en un mundo en el que tus seres más cercanos no te comprenden. Ah… sí vives en ese mundo. Y Jesús entiende.

Ahora, no creo que Jesús estuviera siempre solo. En los Evangelios, hay momentos de increíble ternura. Cuando Juan se apoya sobre su pecho en la última cena. Cuando María le lava los pies con lágrimas y los seca con su cabello. Estoy seguro de que hubo muchos más. Todo ese tiempo que compartió con sus compañeros, todas esas fogatas. No creo que su soledad lo haya definido, como lo hace con muchos de nosotros. En esencia, Jesús es un hombre feliz. Ama la vida. ¿De qué manera el júbilo del Señor podría ser nuestra fortaleza si el Señor no fuera esencialmente alegre?

Podrás creer que lo correcto es mantener a Jesús en el misterio y la divinidad, pero considera esto: Cuando llegó, lo hizo como se lo presenta en los Evangelios: muy humano, una persona, un hombre con una personalidad muy definida. Es el primer testimonio que tenemos de él, y está registrado para todos los que quieran conocerlo. Ésta es la manera en la que *él* elige hacerse conocer. Éste es el «ser» que nos presenta. Ten cuidado de no alejarlo con tus exquisiteces religiosas.

«Jesús fue tan claramente *humano*», observa Eugene Peterson, «pero esta verdad nunca fue fácil de digerir para las personas. Siempre hay muchos individuos alrededor que no contarán con ninguna de estas particularidades: normalidad, fluidos corporales, emociones naturales de miedo y asco, fatiga y soledad».[3] ¿Creías que la única vez que sudó fue en Getsemaní? ¿O tal vez suponemos que su sudor olía a azucenas? ¿Y qué sucede con su toga color blanco nieve? En todas las películas que vi se viste a Jesús con una toga blanca inmaculada. ¿Nunca se ensució? Los caminos que transitó por millas no estaban pavimentados.

Los conocerás por sus frutos. La humanidad de Jesús hará que te enamores de él aun más. Su personalidad, sus cualidades Admirables —las que hemos tratado superficialmente, las que estamos por explorar— estallan con color y resplandor como los fuegos artificiales *debido* a su humanidad. Piensa en esto: el Varón de dolores tenía sentido del humor. El Príncipe de paz podía trabajar hasta el sudor.

Este fantástico consejero podía ser descaradamente irónico. El hombre que seguía una misión tenía tiempo para sentarse y conversar. Lejos de empequeñecer a Jesús, esto sólo acelera tu adoración y profundiza tu intimidad.

Me encanta su carácter divertido. Adoro su valor. Venero su *exasperación*:

> ¿Con qué puedo comparar a esta generación? Se parece a los niños sentados en la plaza que gritan a los demás:
> «Tocamos la flauta,
>   y ustedes no bailaron;
> Cantamos por los muertos,
>   y ustedes no lloraron.»
> Porque vino Juan, que no comía ni bebía, y ellos dicen: «Tiene un demonio.» Vino el Hijo del hombre, que come y bebe, y dicen: «Éste es un glotón y un borracho, amigo de recaudadores de impuestos y de pecadores.» (Mateo 11:16-19)

Debe de estar sacudiendo la cabeza y poniendo los ojos en blanco. ¿Qué *sucede* con las personas? Son simplemente imposibles. Juan ayunó y se pensó que estaba poseído. Yo festejé y se creyó que era un ebrio y un glotón. Simplemente no hay manera de complacer a todos.

¿Y qué tal la sorpresa de Jesús? Sí, su sorpresa genuina (¡!):

> Al entrar Jesús en Capernaúm, se le acercó un centurión pidiendo ayuda.
> —Señor, mi siervo está postrado en casa con parálisis, y sufre terriblemente.
> —Iré a sanarlo —respondió Jesús.
> —Señor, no merezco que entres bajo mi techo. Pero basta con que digas una sola palabra, y mi siervo quedará sano. Porque yo mismo soy un hombre sujeto a órdenes superiores, y además tengo soldados bajo mi autoridad. Le digo a uno:

"Ve", y va, y al otro: "Ven", y viene. Le digo a mi siervo: "Haz esto", y lo hace.

Al oír esto, Jesús se asombró y dijo a quienes lo seguían:

—Les aseguro que no he encontrado en Israel a nadie que tenga tanta fe. (MATEO 8:5-10)

Asombrado. Varios lo tradujeron como «maravillado» o «admirado». Mateo usó exactamente la misma palabra unos pocos párrafos después para describir la reacción atónita de los discípulos cuando Jesús apacigua una tormenta.

—¡Señor —gritaron—, sálvanos, que nos vamos a ahogar!

—Hombres de poca fe —les contestó—, ¿por qué tienen tanto miedo?

Entonces se levantó y reprendió a los vientos y a las olas, y todo quedó completamente tranquilo.

Los discípulos no salían de su asombro, y decían: «¿Qué clase de hombre es éste, que hasta los vientos y las olas le obedecen?» (MATEO 8:25-27)

Admirado. Asombrado. ¿Sabías que Jesús podía asombrarse? Marcos usa el término para describir el asombro de Jesús ante el descreimiento de los judíos: «Y él se quedó asombrado por la incredulidad de ellos» (6:6). La capa religiosa que rodea a Jesús —o a nuestros corazones— es tan gruesa que debemos golpearla una y otra vez: Jesús era humano. Jesús era un hombre. Su humanidad era real. No estaba fingiendo. Esos clavos sí que duelen.

Puedo percibir a los religiosos intentando un nuevo engaño: *Sí, pero ahora no es humano. Está a la derecha del Padre glorioso.* Los discípulos se sintieron tentados de pensar algo similar. Resucitó un domingo y los dos compañeros del camino de Emaús regresaron de prisa a la ciudad para decirles a los demás que habían visto a Jesús vivo. Tomemos esta historia:

Todavía estaban ellos hablando acerca de esto, cuando Jesús mismo se puso en medio de ellos y les dijo:

—Paz a ustedes.

Aterrorizados, creyeron que veían a un espíritu.

—¿Por qué se asustan tanto? —les preguntó—. ¿Por qué les vienen dudas? Miren mis manos y mis pies. ¡Soy yo mismo! Tóquenme y vean; un espíritu no tiene carne ni huesos, como ven que los tengo yo.

Dicho esto, les mostró las manos y los pies. Como ellos no acababan de creerlo a causa de la alegría y del asombro, les preguntó:

—¿Tienen aquí algo de comer?

Le dieron un pedazo de pescado asado, así que lo tomó y se lo comió delante de ellos. (LUCAS 24:36-43)

Se trata de un momento muy divertido. La pareja del camino de Emaús está contando su increíble historia cuando Jesús aparece justo en la sala, como para ilustrar el relato. Ajá, ése era yo. Sí, justamente así lo hice. De repente, él está allí de pie y todo lo que dice es: «La paz sea con todos». Lo más fantástico del mundo está sucediendo ante sus ojos, ¿y todo lo que dice Jesús es «hola»? Su atenuación es sumamente graciosa. Los discípulos están estupefactos, atónitos; no creen que él sea de verdad. «Miren mis manos y mis pies». Sin duda, les muestra las marcas provocadas por los clavos. *Todavía* creen que se trata de un fantasma. Finalmente pregunta: «¿Tienen aquí algo de comer?» como un vecino que pasa de visita por unas patatas fritas. Las mastica despacio frente a ellos, las traga y espera unos pocos segundos para que todos digieran la lección. Debes amar este momento. Y la *observación* que hace. Jesús resucitado aún es Jesús, un hombre —con carne, huesos y todo—. Aléjate, niebla religiosa.

Jesús fue más humano que la humanidad. Su rostro fue el más humano de todos. Esto hará que te maravilles con la personalidad de Jesús.

CAPÍTULO SEIS

GENEROSIDAD EN ABUNDANCIA

Esta noche estoy sentando en la playa mirando cómo llega hasta mí el oleaje. Cada ola se moldea a medida que se acerca; se eleva, toma forma, los verdes intensos del fondo se arrastran hacia arriba y se transforman en un color aguamarina translúcido. Una escultura en movimiento que se ondula hacia delante como si fuera viruta de una talla en jade. La absoluta elegancia es suficiente para dejarme sin aliento. La ola en la que me fijo se estrella contra la arena como una obra de arte que pierde el equilibrio y cae de su pedestal, pero antes de que pueda sentir la pérdida, otra ola se apresura a tomar su lugar, se arrastra hacia arriba, hacia delante, una belleza totalmente hipnótica. Luego llega otra y otra y otra en una procesión incesante.

Me viene a la mente que *todas las cosas se crearon mediante su intervención y, sin él, nada de lo creado existiría.* ¿Qué nos dicen las olas acerca de Jesús?

Un artista se revela en su obra y en la *abundancia* del trabajo creado. Piensa en el océano. Visualízalo. Esta noche, las olas grandes braman sobre el arrecife a cien yardas (noventa metros) de distancia y más allá de ese mar abierto. ¿Qué nos dice esto acerca de Jesús? ¿Qué palabras vienen a la mente? *Majestuoso, impactante, audaz, arriesgado.* Sí, tempestuoso, como el momento en que se despejó el templo. «Con sus ojos como el gris del mar», escribió Ezra Pound, «como el mar que no permite viajar». Pero también con una dulce alegría cuando besa tus pies formando remolinos alrededor de los dedos, despegando la arena que está debajo de ti así como Jesús retira el tapete que está bajo nosotros.

Miro hacia abajo. Esparcidos a la altura de mis pies yacen miles de conchas marinas, delicadas e intrincadas, la obra de un joyero. Un artista con herramientas muy pequeñas y una vista excepcional. Si todo esto es el fruto de la mano de un artista, ¿qué nos dice todo esto de él? La creación es épica e íntima. *Él* es épico e íntimo. A mí alrededor todo es una obsesión con la belleza y el cuidado del detalle.

Pero, sobre todo, estoy maravillado por la excesiva generosidad que me rodea, que constantemente se acerca a mí. Es como si alguien hubiera tomado la platería de la familia, corrido hacia la playa y arrojado puñados aquí y allá como un loco. ¿Cómo describes este derroche de *generosidad*? ¿Qué clase de persona actúa de esta manera?

> Al tercer día se celebró una boda en Caná de Galilea, y la madre de Jesús se encontraba allí. También habían sido invitados a la boda Jesús y sus discípulos. Cuando el vino se acabó, la madre de Jesús le dijo:
> —Ya no tienen vino.
> —Mujer, ¿eso qué tiene que ver conmigo? —respondió Jesús—. Todavía no ha llegado mi hora. (JUAN 2:1-4)

Pausa. ¿Cuál es el tono de su voz en este momento? Esto hace toda la diferencia. ¿Está distante? ¿Hay un suspiro de impaciencia? ¿Está irritado? Ten cuidado con tu lectura de la historia. La respuesta que le da a María parece grosera, pero eso no puede ser —sabemos que la adoraba—. ¡Válgame!, mientras cuelga agonizante de la cruz, dispone el cuidado de ella. La belleza de su relación también se revela aquí: ella sabe que todo lo que debe hacer es preguntar. No pudo haber habido condescendencia en su respuesta, pues simplemente se dirige a los sirvientes y, como una madre judía, dice: «Hagan lo que él les ordene» (Juan 2:5).

> Había allí seis tinajas de piedra, de las que usan los judíos en sus ceremonias de purificación. En cada una cabían unos cien litros.
>
> Jesús dijo a los sirvientes:
> —Llenen de agua las tinajas.
> Y los sirvientes las llenaron hasta el borde.
> —Ahora saquen un poco y llévenlo al encargado del banquete —les dijo Jesús.
> Así lo hicieron. El encargado del banquete probó el agua convertida en vino sin saber de dónde había salido, aunque sí lo sabían los sirvientes que habían sacado el agua. Entonces llamó aparte al novio y le dijo:
> —Todos sirven primero el mejor vino, y cuando los invitados ya han bebido mucho, entonces sirven el más barato; pero tú has guardado el mejor vino hasta ahora.
> Ésta, la primera de sus señales, la hizo Jesús en Caná de Galilea. Así reveló su gloria, y sus discípulos creyeron en él. (JUAN 2:6-11)

Un momento, seis tinajas de piedra en las que caben treinta galones (alrededor de ciento catorce litros) en cada una. Esto sería algo así como 180 *galones* (Juan se encarga de decir que las tinajas estaban llenas «hasta el borde»). Ciento ochenta galones equivalen a seiscientos ochenta y dos litros. Esto es igual a 908 botellas de vino.

Novecientos ocho.

Ya sé, ya sé, parece demasiado. Pero las Escrituras se encargan de decirnos con exactitud cuántas urnas había, cuánto contenían e incluso insisten en que estaban llenas hasta el borde. En apariencia, la *cantidad* que produce Jesús es importante para el relato, y por supuesto que no voy a usurparle a Jesús el derecho a ser generoso.*

Juan dice: «Así reveló su gloria» ¿Qué es exactamente lo que así revela Jesús? Sin duda, su poder sobre la creación. Pero aquí hay algo más, algo hermoso. Jesús no ofreció vino barato, como el *maître* esperaba, dado lo tarde que era. Tampoco lo reemplazó por jugo de uva. No les dio tan sólo un poco de vino, digamos, una docena de botellas para cerrar la noche con un último brindis. Jesús lo hace *con profusión*. Les dio 908 botellas. (Así como los 153 peces que «capturaron» los muchachos se registraron expresamente como peces *grandes*). Aquí se observa la misma generosidad apabullante que emana de la creación: «¡Toda la tierra está llena de su gloria!» (Isaías 6:3 ntv).

Oh, la belleza de Jesús.

El texto afirma que él no había planeado revelarse en este momento —¿podrá esto ayudarnos con nuestras propias vidas de oración? «Pidan, y se les dará; busquen, y encontrarán; llamen, y se les abrirá» (Mateo 7:7)—. Jesús no nos habría instado a orar si fuera inabordable. Salvar al novio de una situación incómoda no era su intención (todavía no ha llegado mi hora) pero, de todos modos, lo hace. Y no es para nada a regañadientes. Ciento ochenta galones de una bebida alcohólica de primera calidad a última hora en la recepción. La multitud ya

---

* Observa esto. Si quieres tener pruebas del espíritu religioso actual, de su naturaleza desagradable, observa de qué manera las personas se enloquecen con esto. Los sitios de Internet proliferan. Los teólogos dan un paso al frente para discutir la cantidad («Dice "contiene entre veinte y treinta galones [entre setenta y seis y ciento catorce litros]"»). Bueno, saca un promedio: veinticinco galones (noventa y cuatro litros y medio) por tinaja. Aún da como resultado 150 galones (567 litros), 757 botellas. Como no les gustará, entonces te dirán que no era vino en realidad o que su vino no era como el nuestro. Se me acusará de fomentar la ebriedad. No lo hago. Las Escrituras la prohíben. Mira, yo no realicé el milagro, sólo hice el cálculo. ¿Le dirás a Jesús que no puede hacerlo?

había vaciado los armarios —¿qué es esto, en este momento cercano a la medianoche?—. Esta fiesta durará horas. Qué júbilo, qué gozo, qué generoso y festivo.

Así como la luz del sol.

Piénsalo, qué resplandor nos llega a diario, qué bondad de oro inmensa. Todos los días y en la mayor parte del planeta. Colma nuestro mundo al calentar la tierra, haciendo crecer los cultivos en los campos mediante la resurrección silenciosa, abriendo las flores, provocando el canto de los pájaros con el amanecer de cada día. Inunda con luz todo lo demás, y nos posibilita contemplar y disfrutar, vivir, trabajar y explorar. Qué regalo es la luz solar que va y viene. Me encanta levantarme en la oscuridad de la madrugada y orar hasta el amanecer. A medida que me siento más cerca de Dios, la habitación comienza a iluminarse cada vez más mientras el aire espiritual se despeja a mi alrededor. Con un amén final, la luz dorada brillante del sol llena la habitación como la presencia de Dios.

Tenemos horas de esto, cada día. Cientos y cientos de galones.

Y luego, a última hora de la tarde, qué lindo se ve todo cuando está iluminado por detrás. Los cereales y el césped otoñales, con sus puntas radiantes, como si cada una estuviera rebosante de gloria *Shekhiná*. Luego sigue el esplendor llamativo del crepúsculo y, a continuación, el período de espera de la noche, que nos ayuda a apreciar el regalo. (Imagina si siempre fuera de noche y nunca llegara el amanecer). Pero *llega* religiosamente, con esplendor, y logra que nuestros corazones se alegren una vez más. ¡Qué ofrenda es la luz! Y en tal abundancia que apenas podemos asimilarla.

¿Qué nos dice la luz del sol acerca de la personalidad de Jesús?

¡¿Qué nos dice el obsequio de nuestros *sentidos* acerca de la personalidad de Jesús?!

El verano pasó rápidamente por Colorado. Los álamos temblones ya se llenaron de hojas después de una primavera muy húmeda. Todas las arboledas lucen frondosas y la brisa en sus ramas a veces suena como una lluvia suave y moderada. Cuando soplan vientos fuertes, parecen las olas al retirarse por una playa de guijarros. ¿Qué generosidad creó esto: rama, hoja y brisa y ni más ni menos que el oído humano para apreciar las sutilezas de sus exquisitos sonidos?

¿Y qué decir del tacto, la experiencia táctil que abunda en nosotros? La tibieza de las piedras de la ribera al sol. Nos fascina tocarlas después de sumergirlas en el agua fría y dejar que el calor irradie por todo nuestro cuerpo. El consuelo de una caricia humana. Y el olfato, ¿quién habrá pensado en algo así? La tierra acre después de una lluvia, toda la creación lavada y tendida como la ropa limpia. Y el oído; la lluvia sobre un techo metálico, la risa de tu hijo, la música. ¿Y el *gusto*? Sandía, queso azul, salsa picante, café, chocolate. Hay una razón por la que se nos previno contra la gula.

¿Qué generosidad nos dio tanto? La belleza es la respuesta a casi todas las preguntas.

> Por lo tanto, quien no está iluminado
> por el esplendor de las creaciones
> está ciego;
> quien no se despierta con tal griterío
> está sordo…
> Entonces, abre tus ojos,
> alerta a los oídos de tu espíritu, abre los labios
> y usa el corazón…
> Con respecto al espejo de las cosas
> que se perciben mediante las sensaciones,
> podemos ver a Dios… en ellas, porque él está en ellas.[1]

Sí, sí, la creación a veces vocifera un mensaje confuso: miedo, dolor, pena. El fuego arde, los ríos fluyen, los vientos se transforman en huracanes, la tierra tiembla tanto que arrasa con ciudades. Pero debes recordar que esto no era así en el Edén. La humanidad cayó y entregó esta tierra al maléfico. San Pablo Apóstol manifiesta que la creación gime por el día de su restauración (véase Romanos 8:18-22) y deja en claro que *nada* es como se esperaba que fuera. Los individuos sacan conclusiones terribles cuando suponen que este mundo es exactamente igual al que deseó Dios. (Una presunción que hizo estragos en las ciencias). La tierra *es imperfecta*.

Lo que sólo hace que la belleza que *sí* fluye sea tan generosa que resulte mucho más sorprendente. Y reconfortante.

¿Qué hacemos con el obsequio que representa el agua? Podemos nadar en ella, pero también mantenernos a flote encima. Es posible beberla y hacer surf. Las gotitas caen del cielo con una abundancia asombrosa, pero también fluyen en arroyos y ríos. Hace que un sonido sea un arroyo, que otro sea una cascada y que el silencio de la caída de nieve sea algo completamente diferente. Esta abundancia es casi escandalosa.

No olvides que el corazón del artista se revela en su obra. Aquí, allí y en todas partes, las creaciones de Jesús estallan como los fuegos artificiales de un cuento de hadas terrenal. ¿Libélulas? ¿Puercoespines? Los bueyes almizcleros, con sus grandes faldas peludas que les cuelgan alrededor y los enormes cuernos descendentes, se asemejan a criaturas, si no de la mitología nórdica, entonces con certeza de épocas remotas. No parecen algo que está paseando en este momento exactamente al norte de nosotros. Ahora de verdad, ¿qué tenemos aquí? ¿*A quién* tenemos aquí? La tierra entera está llena de su gloria.

Debes comprender una diferencia importante: existe el cristianismo y luego la cultura de la iglesia. No son lo mismo. Suelen distar mucho de parecerse. La personalidad dada a conocer por la cultura cristiana no es la personalidad de Jesús, sino la de las personas que están a cargo de esa franquicia en particular. Lamentablemente, el mundo contempla sombreros graciosos y largas melenas, tronos de oro y cortinas púrpuras, vitrales o máquinas de humo y supone que así debe de ser Jesús. Cuando te enfrentes con algo proveniente de la cultura cristiana, pregúntate: *¿Es esto verdad sobre el Dios del viento y el desierto, el Dios de la luz del sol y el mar abierto?* Esto disipará un montón de tonterías sobre la religión. Y al comenzar su evangelio en este punto, Juan deja en claro que esto es bastante bíblico.

Sin embargo, estábamos hablando sobre la generosidad, dejando que nuestros ojos deambulen de un lado a otro, como dijo Shakespeare: «del cielo a la tierra y de la tierra al cielo». Del libro de la naturaleza a las páginas de los Evangelios:

> Cuando Jesús bajó de la ladera de la montaña, lo siguieron grandes multitudes. Un hombre que tenía lepra se le acercó y se arrodilló delante de él. (MATEO 8:1-2)

> Al entrar Jesús en Capernaúm, se le acercó un centurión pidiendo ayuda. (MATEO 8:5)

> Cuando Jesús entró en casa de Pedro, vio a la suegra de éste en cama, con fiebre. (MATEO 8:14)

> Dos ciegos que estaban sentados junto al camino, al oír que pasaba Jesús, gritaron:
> —¡Señor, Hijo de David, ten compasión de nosotros! (MATEO 20:30)

> Unos días después, cuando Jesús entró de nuevo en Capernaúm, corrió la voz de que estaba en casa. Se aglomeraron tantos que ya no quedaba sitio ni siquiera frente a la puerta mientras él les predicaba la palabra. (MARCOS 2:1-2)

> Jesús se retiró al lago con sus discípulos, y mucha gente de Galilea lo siguió. (MARCOS 3:7)

Luego entró en una casa, y de nuevo se aglomeró tanta gente que ni siquiera podían comer él y sus discípulos. (MARCOS 3:20)

Tan pronto como desembarcó Jesús, un hombre poseído por un espíritu maligno le salió al encuentro de entre los sepulcros. (MARCOS 5:2)

Llegó entonces uno de los jefes de la sinagoga, llamado Jairo. Al ver a Jesús, se arrojó a sus pies, suplicándole con insistencia:

—Mi hijita se está muriendo. Ven y pon tus manos sobre ella para que se sane y viva. (MARCOS 5:22-23)

Y como no tenían tiempo ni para comer, pues era tanta la gente que iba y venía, Jesús les dijo:

—Vengan conmigo ustedes solos a un lugar tranquilo y descansen un poco.

Así que se fueron solos en la barca a un lugar solitario. Pero muchos que los vieron salir los reconocieron y, desde todos los poblados, corrieron por tierra hasta allá y llegaron antes que ellos. (MARCOS 6:31-33)

Entró en una casa y no quería que nadie lo supiera, pero no pudo pasar inadvertido. De hecho, muy pronto se enteró de su llegada una mujer que tenía una niña poseída por un espíritu maligno, así que fue y se arrojó a sus pies. (MARCOS 7:24-25)

A última hora de la noche, a primera hora de la mañana, cuando camina por el sendero, en el medio de su cena, en casa, en el extranjero, Jesús ofrece. Su tiempo, sus palabras, su contacto que fluye como el vino en Caná. Si deseas apreciar la realidad de todo esto, recuerda que no se trata de Superman. Acuérdate de su soledad, su fatiga y su humanidad. Esto es totalmente sorprendente, en especial a la vista de que se trata de un hombre con una misión de vida o muerte. Es generoso con él mismo.

Y ahí está la clave, justamente ahí, en esa acción de darse a sí mismo. Eso es lo que resulta tan precioso. Moisés ofrendó su liderazgo de manera incansable. Salomón dio la sabiduría más inusual sin pedir nada a cambio. Pilatos parecía dispuesto a entregar a las multitudes a quien ellos quisieran. Sin embargo, Jesús se dio *a sí mismo*. Esto es, después de todo, lo que vino a ofrecer y lo que más necesitamos con desesperación.

Jesús señala un trigal. Imagina el intento por contar la cantidad de granos que hay en un acre. Una abundancia incalculable. Mientras desvía nuestra mirada a esos campos exuberantes, dice: «Ciertamente les aseguro que si el grano de trigo no cae en tierra y muere, se queda solo. Pero si muere, produce mucho fruto.» (Juan 12:24) La observación que hace es que ha venido a compartir su vida con nosotros. Pero nuevamente, tan pronto como digo esto, las antiguas asociaciones religiosas irrumpen para empañar la realidad. Imagina caminar a través de una selva tropical. Bucear sobre un arrecife de coral. Simplemente mirar una gota de agua de un estanque con un microscopio. La creación late junto con la vida. Es la vida de Jesús, ofrecida con generosidad por la de todas las cosas. Se lo llama «el Autor de la vida», quien «sustenta todas las cosas» en persona (Hechos 3:15; Hebreos 1:3 RVC).

Ésta es la vida que nos ofrenda; ésta es la abundancia con la que la ofrece. Jesús no sólo da su vida *por* la humanidad, sino que también la da *a* la humanidad. Nos llueve a diario como el maná. Volveremos a esto en un momento.

Por ahora, sólo diremos que el hombre era generoso. Espléndido. Aún lo es.

CAPÍTULO SIETE

SINCERIDAD PERTURBADORA

Con el fin de captar la insensatez de la siguiente escena, quisiera que imaginaras que recibiste una invitación para cenar en la casa de un diplomático influyente. Podría ser el gobernador o tu embajador. Asistirán varios dignatarios: obispos de la iglesia, jueces de la Corte Suprema, un primer ministro. ¿Cómo te sentirás internamente al tocar el timbre? ¿Cuánto te interesarán tu aspecto o tus modales? Ay, treinta segundos después de que atraviesas la puerta, hay un momento incómodo de tensión, algo delicado como olvidarse de devolverle la reverencia al dalái lama. Tu anfitrión se queda mudo; por la expresión del rostro de todos puedes ver que cometiste una falta que está un paso o dos más allá de una metida de pata bochornosa. ¿Qué dirías? ¿Cómo reaccionarías?

Cuando Jesús terminó de hablar, un fariseo lo invitó a comer con él; así que entró en la casa y se sentó a la mesa. Pero el fariseo se sorprendió al ver que Jesús no había cumplido con el rito de lavarse antes de comer.

—Resulta que ustedes los fariseos —les dijo el Señor—, limpian el vaso y el plato por fuera, pero por dentro están ustedes llenos de codicia y de maldad. (Lucas 11:37-39)

Jesús acababa de ingresar a la casa de este hombre, después de aceptar una invitación a cenar. Todos los invitados que atravesaron esas puertas se lavaron las manos antes de sentarse, acatando ciegamente una costumbre que no se perdió por siglos. Es una prueba de ortodoxia y solidaridad. Jesús está al tanto, sabe que están observando todos sus movimientos. Pasa caminando por el lavabo y se acomoda en la mesa. El fariseo pareciera estar enmudecido. Jesús lee la mirada de su rostro y le ofrece una explicación: «Ah, el asunto del lavado», dice mientras toma un trozo de pan plano, parte un bocado y lo mastica. «Crea una confusión absoluta. En apariencia luces sensacional. No obstante, en tu interior tienes el corazón lleno de extorsión y mal».

Las cosas que dice Jesús.

Por lo visto, no le preocupa que lo vuelvan a invitar.

¿Puedo recordarte que cada vez que miras a Jesús estás observando amor? Puedes tenerlo presente siempre que te topes con pasajes asombrosos como éste: «En este preciso momento, estoy contemplando el amor en acción». Pero... ¿cómo es este amor? Ni siquiera parece cortés.

Permíteme una digresión que puede resultar útil.

Hace varios años, una joven hermosa e inteligente a quien amamos comenzó a caer en un trastorno mental. Todos los que la querían observaron con desesperación mientras se tornaba cada vez más obsesiva, delirante y depresiva. Cayó en forma vertiginosa. Temíamos por su vida. Uno a uno, los amigos y la familia intentamos, mediante un café o «sólo una visita», traerla de nuevo a la realidad. Sus rechazos eran tan irracionales que nos dábamos cuenta de que pronto habría que internarla. Es desgarrador soportar y presenciar algo así sin poder hacer nada, como observar a alguien cayendo en el hielo.

Acordamos hacer algo que se hizo conocido en la comunidad de la salud mental como «intervención». Se trata de una reunión de amigos y mentores en un esfuerzo mancomunado por devolver al sujeto a la realidad o, si esto falla, insistirle para que se someta al tratamiento. Comenzamos de a poco. A ella, nuestras preocupaciones le traían sin cuidado. Nuestra preocupación se incrementó. Nos hicimos más y más directos. Se puso a la defensiva. Por último, debimos ser crudamente sinceros e insistentes. Aun así, no fue capaz de percibir la dura realidad de su propia condición desesperante. Actuar así fue difícil, lamentable y afectuoso. Me duele decir que su crisis se profundizó antes de que pudiera aceptar la ayuda.

Los tres años que Jesús pasó en el ministerio público son una intervención larga. Por eso actúa de la manera en que actúa.

No te olvides que Jesús no pasea por el territorio israelí ofreciendo lecturas de poemas. Está siguiendo su misión de rescatar un pueblo al que han engañado tanto que la mayoría de las personas ni siquiera *quiere* que se la rescate. Su honradez y su severidad se reparten con exactitud, de acuerdo con la cantidad de delirios y autoengaños que envuelven a su oyente. Cuando un alma está cubierta de orgullo, fanatismo, pretensiones y elitismo intelectual —como la de su anfitrión en la cena— entonces esa coraza necesita fuertes golpes ocasionales para que se produzca una grieta por la que pueda ingresar algo de luz. Jesús golpea con la precisión de Miguel Ángel.

En otra cena —esta vez en la casa de dos hermanas famosas—, Jesús se ve expuesto a la rivalidad fraternal:

> Aconteció que yendo de camino, entró en una aldea; y una mujer llamada Marta le recibió en su casa.
>
> Esta tenía una hermana que se llamaba María, la cual, sentándose a los pies de Jesús, oía su palabra.
>
> Pero Marta se preocupaba con muchos quehaceres, y acercándose, dijo: Señor, ¿no te da cuidado que mi hermana me deje servir sola? Dile, pues, que me ayude. (Lucas 10:38-40 rvr1960)

Jesús es un hombre lo suficientemente perspicaz como para saber que no debe meter la cabeza en un avispero. Estas peleas familiares tienen una larga y compleja historia, como la política de Medio Oriente. Ahora que lo pienso, estas riñas *son* la historia larga y compleja de la política de Medio Oriente. Marta exige que Jesús tome partido. Él lo hace, pero no como ella esperaba. Se pone de su lado al hablar de lo que le sucede *en su interior*: «Marta, Marta», responde el Señor, «afanada y turbada estás con muchas cosas. Pero sólo una cosa es necesaria; y María ha escogido la buena parte, la cual no le será quitada» (Lucas 10:41-42 RVR 1960). A propósito, Jesús es el invitado en *su* casa; *ella* preparó la cena. Si hubiera sido yo, probablemente me habría ofrecido a ayudarla para disipar la tensión. Eludir el tema. Pero esto dejaría que Marta continuara con su actitud arrogante.

Me fascina el tierno coraje de este hombre para decir lo que los demás saben pero no dicen.

En esta ocasión, el tono de Jesús se escucha muy diferente del que tuvo antes con el fariseo. Es un golpe más suave; porque está tratando con un corazón más suave. Da la sensación de que Marta —aunque de momento esté irritable— se ablandará con la veracidad que tienen las palabras de él. Éste es su primer encuentro divulgado, pero las hermanas y su hermano Lázaro se hacen grandes amigos de Jesús. La casa de Marta es su primera opción de refugio cada vez que viaja cerca de Jerusalén. Según parece, sus palabras perturbadoras fueron el toque justo en el momento indicado.

Ahora, para poder apreciar su belleza, piensa en qué *poco frecuente* es y cuánto *menos* frecuente es bien hecho. La mayoría de los individuos pasan toda su vida sin alguien que les hable de manera sincera, cariñosa y con palabras directas sobre los temas más negativos de sus vidas. Detente un momento y cuenta las ocasiones en que se hizo esto por ti. Mejor aún, tómate un segundo y cuenta las veces en que tú ofreciste esto a un ser querido.

Hablamos de trivialidades. Pasamos nuestros días con un nivel de conversación tan sustancial como el humo. Bailamos unos alrededor de los otros como aves en un ritual de apareamiento, nos balanceamos, escondemos, inflamos el pecho, agitamos las alas, nos movemos en círculo unos alrededor de los otros, avanzamos y retrocedemos. Si nos filmáramos durante una semana con una fotografía de lapso de tiempo, seríamos el canal *Discovery Channel*.

Seamos francos, ¿por qué *no somos* más sinceros unos con otros? Porque nos saldría caro. Sócrates no tuvo lo que se dice un recibimiento efusivo por decir la verdad. Se entregó la cabeza de Juan el Bautista en una bandeja por decirlo como es. Maten al mensajero. No queremos pagar esa cuenta. Si hablamos con la misma sinceridad que lo hace Jesús, incluso si nos *aventuramos* en el santuario consagrado de los preciados pecados de alguien, esto convertirá la relación en tumultuosa por decir lo menos. ¿Por qué no decirle a tu suegra que es una mujer temible y controladora? ¿Por qué no decirle a tu pastor que sus hijos lo odian, que detestan su hipocresía santificada? ¿Por qué no decirle a tu mejor amigo que casi siempre es egoísta y egocéntrico y que tú cargas con toda la responsabilidad de mantener la relación?

Porque somos cobardes, por eso.

A medida que profundizo más en mis propios motivos, me doy cuenta de que simplemente no me interesa lo suficiente. Sé lo que es estar con fulano. Veo el efecto que tienen en otros. Pero yo hago de cuenta de que no veo; hago la vista gorda. Es probable que tome una docena de decisiones diarias para no ver lo que veo. *Todos lo hacemos.* ¿Y en verdad, por qué? Porque arriesgarse a hablar como Jesús lleva tiempo, porque luego me involucro, porque quién sabe cuál será la reacción de los demás, porque, porque, porque. Lo que digo es que no me interesa lo suficiente como para exponerme a la tensión, la reacción violenta, las penalidades o el rechazo.

Por supuesto que luego reprimo todo y esto fermenta en mi interior como el champán; entonces, cuando salta el corcho, hablo por irritación, exasperación o enojo. El tono es fundamental: «Cálmate.

Deja de complicarme tanto la vida». Sí, claro, algunas personas dicen «palabras sinceras», pero sus motivos suelen ser despreciables.

Y también lo es nuestro silencio colectivo —que se justifica cuidadosamente como cortés o sin tener la intención de ser juicioso o cualquier otra cosa—. Nuestro silencio nos condena a cada uno de nosotros a permanecer como ese fariseo despiadado o la controladora Marta por el resto de nuestras vidas. Jesús es el niño del cuento «El traje nuevo del emperador», mientras todos los demás adulan y fingen, simulando y mirando hacia otro lado, él dice: «¡Pues a mí me parece que no lleva ningún vestido!».

¿Qué sucedería si, en este momento, tuvieras un cáncer terminal pero no lo supieras? En silencio, la enfermedad haría estragos en tu cuerpo mientras transcurrirían los días en que podrías actuar. ¿Y qué pasaría si tu médico lo supiera, pero no te lo comunicara porque le incomoda? Lo demandarías por mala praxis. ¿Y si tu familia estuviera al tanto, pero no te lo dijera porque «no quisiera que te afectara»? ¿O si suavizaran la noticia del resultado de tus análisis a tal punto que no comprendieras la gravedad de la situación? Estarías furioso.

No estoy asombrado por las palabras que Jesús usó con sus anfitriones. Estoy asombrado por el coraje y el amor que implican.

El hombre no anda con rodeos. A veces es divertido, otras es temible y luego generoso. Ésta es la belleza de su sinceridad perturbadora, puedes contar con que Jesús te dirá la verdad de la mejor manera posible para que la escuches.

Un discípulo parece listo para inscribirse: «Maestro, te seguiré a dondequiera que vayas» (Mateo 8:19). Jesús dice que el hombre no tiene idea de en qué se está alistando: «Las zorras tienen madrigueras y las aves tienen nidos, pero el Hijo del hombre no tiene dónde recostar la cabeza» (Mateo 8:20). Un momento después, otro intenta evadirse cortésmente del servicio: «Señor, primero déjame ir a enterrar a mi padre» (Mateo 8:21). Jesús le ordena subir a bordo de inmediato: «Sígueme y deja que los muertos entierren a sus muertos»

(Mateo 8:22). A Nicodemo —que como erudito y maestro no debería estar tan desorientado—, Jesús le dice: «Tú eres maestro de Israel, ¿y no entiendes estas cosas?» (Juan 3:10). Los fariseos reclaman a Abraham. Jesús manifiesta: «Si fueran hijos de Abraham, harían lo mismo que él hizo» (Juan 8:39). Judas dice: «¿Acaso seré yo, Rabí?». «Tú lo has dicho», le contesta Jesús (Mateo 26:25).

Jesús no se anda con rodeos. A veces es tan directo que te deja algo en claro mientras pasa.

El verano pasado, mi esposa, mis amigos y los miembros de la junta directiva me insistieron para que me tomara un año sabático. Había una cantidad de temas involucrados. Estaba agotado físicamente. A un extremo peligroso. Tenía un problema estomacal serio para el que no se encontraba diagnóstico y que no se resolvía. Me sentía emocionalmente enojado con las personas. Me había alejado de la mayoría de mis relaciones. También noté que vivía con poca esperanza; sólo me lanzaba a vivir cada día e intentaba controlar las situaciones. Durante mucho tiempo usé una cierta severidad conmigo mismo que había comenzado a colarse con sigilo en la manera en que trataba a los demás. Leí en las Escrituras la descripción de las oraciones de Jesús —con «fuerte clamor y lágrimas»— y me pregunté por qué nunca oré de esa forma. Mis oraciones parecían mecánicas. De cualquier manera, estaba muy mal.

Sabía que esto debía ser más que unas vacaciones. Desperdiciaría el período sabático si en primer lugar no llegaba al fondo de los problemas que me causaban esta necesidad. Requería de una cirugía a corazón abierto. Pero mi mundo interior se asemejaba a una alfombra oriental de temas tan entrelazados que no podía ordenarlos. Una mañana temprano, mientras aún estaba en la cama, mirando el cielo raso y pidiéndole a Dios que viniera por mí, Jesús preguntó: *¿Te gustaría saber de qué se trata?* «Oh, sí, por favor, Señor», dije. *Es una sola cosa.* Luego hubo una pausa para llamar la atención. Estoy pensando. Una cosa, ¿todo se debe a una sola cosa? *No me miras a mí; te miras a ti mismo.*

En cuanto Jesús terminó de hablar, la verdad se volvió incuestionable. Todos los años de esfuerzo, sacrificio, soledad y fuerza heroica —mucho de lo cual tomé para ser generoso en mi vida— se expuso de repente como independencia impía. Totalmente impía. Me sentí desnudo, como un hombre tendido sobre una mesa de exploración que acaba de ver la radiografía de su cáncer de hueso. Fue horrendo. Y maravilloso. Por fin la verdad había salido.

¿Cómo será contar con alguien en tu vida que te conozca con profundidad, te ame sin condiciones y esté dispuesto a ser totalmente sincero contigo? Sí, debe de ser un poco desconcertante, por cierto perturbador, ¿pero no hay una parte de ti que lo desea con vehemencia? La mayoría de los individuos deben contratar esto. Le pagan a un terapeuta para que sea franco con ellos, porque ni sus amigos ni su familia tienen la capacidad o la disposición para hacerlo bien. No importa. Consíguelo como puedas.

Cuanto más nos damos cuenta de que necesitamos esta clase de sinceridad perturbadora y de que es más difícil de conseguir que un billete de lotería, más nos enamoramos de Jesús por la manera en que la ofrece.

Tengan cuidado con la gente; los entregarán a los tribunales y los azotarán en las sinagogas. Por mi causa los llevarán ante gobernadores y reyes para dar testimonio a ellos y a los gentiles. Pero cuando los arresten, no se preocupen por lo que van a decir o cómo van a decirlo. En ese momento se les dará lo que han de decir, porque no serán ustedes los que hablen, sino que el Espíritu de su Padre hablará por medio de ustedes.

El hermano entregará a la muerte al hermano, y el padre al hijo. Los hijos se rebelarán contra sus padres y harán que los maten. Por causa de mi nombre todo el mundo los odiará, pero el que se mantenga firme hasta el fin será salvo. (MATEO 10:17-22)

Éste es un discurso bastante motivacional. ¡Válgame! Jesús está enviando a sus muchachos a su primer vuelo a solas. Es Eisenhower cuando despide a las tropas del Día D. Pero aquí no se obtiene la inspiración de Azincourt de Enrique V, no hay «grupo de hermanos» ni «mejor hora» de Churchill. Pero tal vez esto es justo lo que necesitan oír. Considera la alternativa, ¿qué pasaría si les hubiera dicho «Todo estará bien. Sólo ama y todos te amarán»? Luego, cuando la realidad golpeara y se encontraran con el odio tremendo y la persecución, se habrían sentido traicionados.

Una de las cualidades que más respeto de Jesús es su incapacidad para hablar tonterías. Nada se asemeja a ese misticismo oriental poco claro como se encuentra en Mencio: «Una persona de gran corazón no tiene enemigos en el mundo». Jesucristo demuestra que *esa* afirmación es ridícula. O el nihilismo de Lao-Tsé: «Practica no hacer nada y todo estará bien». No hay expresiones coloquiales de Ben Franklin como «un centavo ahorrado es un centavo ganado». Piénsalo, ¿qué sucedería si Jesús fuera ante todo conocido por decir algo como «No te olvides de detenerte y oler las rosas»? Una prueba de que encontraste en Jesús una personalidad *inconfundible* es su habilidad para, en un momento de ternura, decir las cosas más amables y, a continuación, las más sorprendentes. ¿Qué haces con alguien que puede susurrar con amor «Tampoco yo te condeno» y luego gritar «¡Serpientes! ¡Reptiles! ¡Merecedores del infierno!»?

Ahora, ten presente que hay una gran diferencia entre ser ofensivo y decir algo ofensivo. Es una cuestión de *posición*, ¿dónde está la ofensa en realidad? El hombre que hace un comentario racista traiciona algo muy feo en su interior. El amigo que dice que tomaste demasiada bebida te evita algo muy desagradable. Una sirena de niebla en una cena es ofensiva, pero es el sonido más dulce del mundo para un barco perdido en una tormenta. Las palabras de Jesús no son ofensivas. Es algo en nosotros lo que se ofende.

Lo amamos cuando sale a la caza de los fariseos: «¡Hipócritas! Recorren tierra y mar para ganar un solo adepto, y cuando lo han logrado lo hacen dos veces más merecedor del infierno que ustedes» (Mateo 23:15). ¡Dios bendito! ¿Sabías que Jesús usaba expresiones como «merecedor del infierno»? Esto sería suficiente para que te expulsaran de casi todas las iglesias. Pero si no fuera por su sinceridad cruda, continuaríamos luchando bajo el peso de todas esas abrumadoras estupideces religiosas. Si Jesús no fuera completamente directo con ellos, nos sentiríamos decepcionados; sería muy difícil respetarlo. Es cuando pone la mirada sobre nosotros que comenzamos a sentir vergüenza. Y deberíamos.

> Entren por la puerta estrecha. Porque es ancha la puerta y espacioso el camino que conduce a la destrucción, y muchos entran por ella. Pero estrecha es la puerta y angosto el camino que conduce a la vida, y son pocos los que la encuentran. (Mateo 7:13-14)

> No todo el que me dice: «Señor, Señor», entrará en el reino de los cielos, sino sólo el que hace la voluntad de mi Padre que está en el cielo. Muchos me dirán en aquel día: «Señor, Señor, ¿no profetizamos en tu nombre, y en tu nombre expulsamos demonios e hicimos muchos milagros?» Entonces les diré claramente: «Jamás los conocí. ¡Aléjense de mí, hacedores de maldad!» (Mateo 7:21-23)

> Yo soy el camino, la verdad y la vida —le contestó Jesús—. Nadie llega al Padre sino por mí. (Juan 14:6)

Ésta es, sin duda alguna, la gran ofensa de Jesucristo, su exclusividad.

Para asegurarnos de comprender esta idea, dice que sólo él es el camino al cielo. Nadie llega al verdadero Dios si no es por medio de él.

Ofensiva como puede ser la afirmación, aún debemos lidiar con ella. Aunque sea arrogante o verdadera.

Ningún otro líder religioso del mundo hizo una afirmación tan audaz. Es una línea en la arena que provocó que muchos cristianos se sintieran avergonzados (especialmente aquellos que trataban de ganar aceptación en nuestro mundo posmoderno de «todos los caminos conducen a Roma»). F. F. Bruce escribió un libro útil titulado *Hard Sayings of Jesus [Dichos difíciles de Jesús]* en el que aborda muchos de los cánones lanzados por Cristo —sacarte el ojo, las perlas a los cerdos— pero lamento informarte que no trató estas afirmaciones que, sin duda, son las más difíciles de todas.

Sí, sí, entiendo que varios hombres usaron estas afirmaciones con un espíritu bastante diferente del de Cristo. Muchas veces pareciera como si aquellos que predican sobre el fuego del infierno desearan que te fueras allí. Pero ese hecho no tiene ninguna relación con la verdadera *existencia* de los fuegos del infierno. Si realmente existen, sería demencialmente malvado no advertirte. Muchísimo más que la mala praxis. El espíritu religioso usó la cuestión del infierno para distorsionar a diestra y siniestra, entonces sería importante hacer una pausa y aclarar qué siente Jesús con respecto a estos asuntos:

> El Señor no tarda en cumplir su promesa, según entienden algunos la tardanza. Más bien, él tiene paciencia con ustedes, porque no quiere que nadie perezca sino que todos se arrepientan. (2 PEDRO 3:9)

No quiere que nadie perezca. Dios no quiere perder ni una sola alma humana. De hecho, a esos fuegos del infierno ni siquiera se los creó para los hombres. Se los creó para el diablo y sus demonios (Mateo 25:41). Jesús no espera en secreto que vayas allí. Escucha su lamento por la tozudez de su propio pueblo:

¡Jerusalén, Jerusalén, que matas a los profetas y apedreas a los que se te envían! ¡Cuántas veces quise reunir a tus hijos, como reúne la gallina a sus pollitos debajo de sus alas, pero no quisiste! (Lucas 13:34)

Los sentimientos de amor de Jesús no se empequeñecen porque algunas personas elijan el infierno en vez de entregarse a Dios. Él llora por esto. Advierte, exhorta, suplica y hace milagros. Mientras lo clavaban en las maderas, dijo: «Padre, perdónalos, porque no saben lo que hacen» (Lucas 23:34). Porque si *no* encuentran perdón, será un día muy negro de rendición de cuentas. Jesús ora por ellos, ora para que tengan misericordia.

La mayoría de los intentos por convencer al mundo de que Jesús fue un «un gran tipo en verdad, ni perverso ni dogmático como tú ya sabes quién» (por lo general, refiriéndose a los republicanos y a la derecha religiosa) llevan adelante su tarea hasta el punto de esconder o eliminar la exclusividad de Jesús. «Bueno, sí, pero él no *quiso decir* todo eso. Ésas son doctrinas que la iglesia agregó después». Prácticamente lo opuesto es verdad, Jesús lo dejó bien en claro. Es la iglesia la que, a menudo, trató de encontrarle una explicación.

Thomas Jefferson no podía creer los milagros de Jesús; sentía que eran una humillación a su distinta y profunda enseñanza ética. Por lo tanto, tomó unas tijeras de cocina y recortó esos pasajes de su Biblia personal. Muchos hicieron lo mismo con las afirmaciones exclusivas de Jesús. Pero Jesús hizo esas declaraciones, cada una de ellas, y esto es tan seguro como que hizo esos milagros. La iglesia lo consideró un asunto de ortodoxia desde su creación en Pentecostés.

No sé si logramos apreciar plenamente qué obsequio representa contar con alguien tan inquebrantable.

Tomamos nuestro relativismo de manera despreocupada y lo hacemos donde y cuando nos conviene. «¿Crema y azúcar? ¿Preferencia sexual? ¿Universalismo?». ¿Pero qué sucedería si todo *fuera* relativo, incluso la realidad misma? ¿Te acuerdas de tu última pesadilla, recuerdas qué alivio significó despertarse y darse cuenta de que habías estado soñando? Sobreponerse del terror nocturno es uno de los consuelos más profundos que comparte la humanidad. Te sientas erguido con un jadeo o grito y descubres que te encuentras seguro en tu propia cama. Todo tu cuerpo se relaja, tu respiración se hace más lenta, el vértigo en tu cabeza se aplaca. Como quien dice, la realidad te ha «salvado».

Ahora bien, imagina cómo sería si nunca, jamás, pudieras despertarte de tus pesadillas. Sería como caerse bajo las olas y no ser capaz de volver a la superficie. Hay muchas almas desafortunadas que experimentan este tormento en nuestras instituciones mentales. Quienes padecieron una sobredosis de drogas pueden decirte qué horrendo es. Una noche, hace muchos años, con un amigo tomamos cinco veces la cantidad de alucinógenos que usan los idiotas que consumen drogas por recreación. Pensé que nunca saldría de eso. Cuando me desperté en el apestoso catre de una celda, estaba rebosante de alegría. Saber que *existe* una realidad a la que podemos despertarnos es un regalo que está más allá de las palabras.

Elijamos o no enfrentar esa realidad depende bastante de nosotros mismos.

> La verdad o la realidad se evita cuando resulta dolorosa. Podemos revisar y corregir nuestro mapa sólo cuando tenemos la disciplina para superar ese dolor. Pero para adquirir semejante disciplina es necesario que nos entreguemos enteramente a la verdad. Es decir, siempre debemos considerar que la verdad (determinada de la mejor manera posible) es más importante, más vital para nuestro interés que nuestro bienestar. Y a la inversa, siempre debemos considerar nuestra desazón personal relativamente poco importante e, incluso, acogerla de buen grado para ponerla al servicio de la búsqueda de la verdad. La salud mental es un proceso continuo de dedicación a la realidad a toda costa.[1]

Así es la sorprendente, perturbadora y, a veces, cruel sinceridad de Jesús. El mundo está completamente ebrio y lo critica con ferocidad porque él trata de protegernos de conducir. ¿Quién se está comportando de manera poco racional?

El espíritu de nuestros días es una débil aceptación de todo, excepto la profunda convicción en algo. Es allí donde Jesús se enfrenta de repente al mundo al igual que una gran roca confronta el río que siempre corre cuesta abajo. Él es inflexible. El llanto solía ser de «tolerancia» y con esto queríamos decir: «Tenemos grandes diferencias, pero no dejaremos que sean la causa de odio o violencia entre nosotros». Ahora es algo más, donde todas las convicciones quedan debilitadas en un segundo o tercer lugar mientras todos aceptamos disfrutar del mundo tanto como podamos. No obstante, la verdad no es como la convicción. Ésta podrá ser una cuestión de opinión personal, pero la verdad se asemeja a una gran montaña, maciza e inamovible nos guste o, aunque más no sea la reconozcamos. El cristianismo no es un conjunto de convicciones; es una verdad. La más ofensiva que pueda imaginarse.

Jesús es una roca, está bien. Una «piedra de tropiezo y roca de caída» (Romanos 9:33 RVR 1960). Una roca puede resultar ofensiva en tu zapato, porque causa una molestia. Si dijéramos: «¡Fuera todas las rocas!», desearíamos que el planeta desapareciera bajo nuestros pies. Sin embargo, una roca es también el único refugio contra los mares embravecidos. El alma que zozobra no maldice la roca porque es inamovible, sino que se aferra a ella y llora de gratitud.

Recuerda. Cuando Jesús nos cuenta la verdad, no dice: «Ahora estás solo. Resuélvelo». Nos ofrece una salida. Como manifestó Juan: «Pues la ley fue dada por medio de Moisés, mientras que la gracia y la verdad nos han llegado por medio de Jesucristo» (1:17). La verdad y la gracia. De todos modos, cada vez que Jesús retira el tapete que está bajo nuestros pies, extiende su mano para elevarnos hasta un refugio.

A veces, aquellos a quienes llega con su mano están tan alejados de la corriente principal que resulta escandaloso.

CAPÍTULO OCHO

UNA LIBERTAD ESCANDALOSA

Al principio, en la fanfarria de sus apariciones públicas, Jesús da lo que se conocerá como el famoso Sermón de la Montaña. Es un «gran momento» para él. Explicó en detalle su comprensión de una vida que complazca a Dios. Como quien dice, clavó una estaca en el suelo. Su estrella asciende, las multitudes crecen y los líderes religiosos estudian cada uno de sus movimientos. Observa qué hace Jesús a continuación:

> Al bajar Jesús por la ladera del monte, grandes multitudes lo seguían. De repente, un leproso se le acercó y se arrodilló delante de él.
>
> —Señor —dijo el hombre—, si tú quieres, puedes sanarme y dejarme limpio.
>
> Jesús extendió la mano y lo tocó:
>
> —Sí quiero —dijo—. ¡Queda sano!
>
> Al instante, la lepra desapareció. (MATEO 8:1-3 NTV)

Aparenta ser una historia bíblica muy hermosa, hasta que entiendes lo que hizo Jesús. En primer lugar, este asunto de la lepra. Pocos hemos conocido a un «leproso». Desde entonces, el término parece haberse convertido en propiedad del aturdimiento religioso; casi no tenemos otra reacción más que «pobre muchacho». Reemplázalo por sida. Piensa en la actitud pública, especialmente en la primera etapa de la crisis de la enfermedad, cuando se tenía miedo de ir al dentista por temor a contagiarse de alguna manera. Visualiza a este hombre como a un enfermo que transita los últimos estadios del sida: escuálido, casi pelado, respirando con dificultad y con el rostro castigado por las úlceras.

En segundo lugar, la actitud de los judíos hacia los infectados. Los leprosos tenían la obligación de gritar «¡Impuro! ¡Impuro!» cuando pasaban por un pueblo para advertir a los vecinos, no fuera que los habitantes los tocaran por accidente y se convirtieran en impuros religiosos. En Levítico 13:45-46 se deja en claro que «la persona que contraiga una infección se vestirá de harapos y no se peinará; con el rostro semicubierto irá gritando: "¡Impuro! ¡Impuro!", y será impuro todo el tiempo que le dure la enfermedad. Es impuro, así que deberá vivir aislado y fuera del campamento». Vestido con harapos, con el rostro cubierto por un pañuelo y el cabello sucio y despeinado. Hablando de ostracismo. En esa época, en Israel, estar muy cerca de alguien tan enfermo significaba poner en peligro la propia honradez y reputación.

Por lo tanto, ésta es la amenaza que enfrenta Jesús. El hombre se acerca a él, pero no demasiado. ¿Qué hace Jesús?

Extiende la mano y lo toca.

La belleza de esto supera las palabras.

Jesús no necesita estar en contacto con el hombre para curarlo. Hay numerosos relatos en los que todo lo que hace es pronunciar la palabra y los enfermos sanan, incluso los que están a un condado de distancia. Sin embargo, lo *toca*. ¿Por qué? Según la versión de Marcos, Jesús «tenía misericordia de él» (1:41 RVR1960). Él, que puede ser tan inflexible, siente real misericordia con bastante facilidad, misericordia por todas las razones justas. Porque esto es lo que necesita el hombre. Nadie lo tocó durante mucho tiempo. Estar privado del contacto humano es aun peor que estar privado de pan. La amabilidad de Jesús en esta sola acción es suficiente para lograr que me enamore de él.

Pero también lo es su escandalosa libertad.

Porque ahora, Jesús es impuro. Por lo menos a los ojos de todas las autoridades genuinas.

Jesús está justo emprendiendo el camino de su ministerio. Tiene un mensaje que debe transmitir para su admisión: «para esto he venido» (Marcos 1:38). La credibilidad es bastante importante en este momento, en especial porque en su reciente hazaña de un sermón, comenzó a desafiar conceptos valorados por los tiranos pontificales. Pero aquí, en su siguiente paso, Jesús casi garantiza que se lo descalificará. Emocional y *políticamente*, éste será el equivalente social de un sacerdote o un pastor en crecimiento que da su mensaje más importante del año, luego sale al atrio de la iglesia, enciende un cigarrillo y toma un buen trago de tequila de la botella mientras pasan las hileras de feligreses. Metafóricamente.

A Jesús no parece importarle.

O mejor aún, le interesan sumamente los *asuntos correctos*.

Sabe con exactitud lo que está haciendo. En el Sermón de la Montaña examina por completo la comprensión que tienen de la bondad. En una especie de revolución moral copernicana, traslada al interior el concepto externo de honradez. Es una santidad muchísimo más exigente, de la clase que puede derribar el legalismo como si fuera un carro de frutas. Y luego, casi como si dijera «Permíteme demostrarte lo que quiero decir», tenemos esta historia.

Los riesgos que Jesús está dispuesto a asumir con su reputación son sin duda sensacionales.

Para darle un contraste propiamente eclesiástico, contaré una conversación mantenida en una reunión de personal que se llevó a cabo en una iglesia donde trabajé hace bastante tiempo. Los muchos pastores que estaban en la nómina se reunían todas las semanas para escuchar las directivas del pastor principal. Esta semana en particular eligió el tema del alcohol. El versículo que leyó pertenecía al libro de los Romanos: «Más vale no comer carne ni beber vino, ni hacer nada que haga caer a tu hermano» (14:21). Luego siguió su aplicación: «Entonces, no queremos que se nos vea allí afuera mientras bebemos alcohol en un restaurante. No deseas hacer que un miembro de nuestra congregación cometa un desliz, ¿no es cierto?». «¿Y en nuestras casas?», preguntó un pastor asistente audaz (y cortoplacista). «¿Te sientes bien con eso?». «Un integrante de la congregación podría pasar inesperadamente de visita en alguna oportunidad». «¿Y si cerramos las cortinas?». Puedes observar las ridículas vueltas descendentes de la conversación. Después de guiarnos de forma tan —oh— reverente al *reductio ad absurdum* —beber a escondidas un sorbo de Cabernet a última hora de la noche con las luces apagadas y las cortinas cerradas— concluyó con: «Como miembro de este equipo de pastores, beber sería un pecado».

Quería levantar la mano y preguntar si, al saber cuántas más personas luchan con el peso en nuestra cultura, el principio también regía para el acto de comer en público. Me mordí la lengua. Pero es justamente este tipo de leyes religiosas las que nos transportan de nuevo a la ley levítica. Es la misma línea de pensamiento que se usó para quitarle la libertad al cristianismo del Nuevo Testamento y cambiarla por las ataduras de un esclavo; así los cristianos honestos quedaron más encadenados que el fantasma de Marley. Con el correr de las épocas, los religiosos llenaron la iglesia con esta clase de legalismo justificado.

Regresando a los riesgos que Jesús está dispuesto a asumir, contempla su libertad superior en la famosa historia de «la mujer junto al pozo».

Por eso [Jesús] se fue de Judea y volvió otra vez a Galilea. Como tenía que pasar por Samaria, llegó a un pueblo samaritano llamado Sicar, cerca del terreno que Jacob le había dado a su hijo José. Allí estaba el pozo de Jacob. Jesús, fatigado por el camino, se sentó junto al pozo. Era cerca del mediodía. Sus discípulos habían ido al pueblo a comprar comida.

En eso llegó a sacar agua una mujer de Samaria, y Jesús le dijo:

—Dame un poco de agua.

Pero como los judíos no usan nada en común con los samaritanos, la mujer le respondió:

—¿Cómo se te ocurre pedirme agua, si tú eres judío y yo soy samaritana? (JUAN 4:3-9)

Un momento, un momento. Nuestra familiaridad con estas historias nos adormece. ¿Qué es esto? Los judíos desprecian a los samaritanos; *ni siquiera* les hablan. Como señala Paul Johnson: «Los judíos odiaban a los samaritanos… [con] una furia cuasireligiosa y una forma de racismo local del temperamento más despiadado»[1]. Agrega la actitud hacia los negros de los blancos sureños del Klan en la década de 1920. Además, un judío nunca le dirigiría la palabra a una judía; un rabino *nunca jamás* le hablaría a una samaritana. Un detalle más, se trata de una mujer fácil. Tiene lo que se solía llamar una «reputación». Es sexualmente indiscreta en una época en la que el desenfreno podía ocasionar que se apedreara a una joven.

Entonces, un judío solo y una samaritana sola se encuentran junto a un pozo. Solos. Contra todas las convenciones, el hombre inicia una conversación. ¿Qué pensará la joven? En el pasado ya le han comprado más de unos pocos tragos. Este encuentro es escandaloso desde el principio. Se trata de un hombre blanco que le pide a una mujer negra que lo lleve en su auto por Birmingham en plena segregación. Jesús ni siquiera duda; se siente libre por completo de esos prejuicios religiosos y sociales disfrazados de «lo que hacen las personas buenas». Está dispuesto a asumir lo que se consideraron riesgos de consecuencias funestas con su reputación. Regresaremos a esta historia en un minuto.

Mientras tanto, es con respecto a los religiosos que Jesús parece más radicalmente libre. Su actitud hacia el sabbat es escandalosa:

Por aquel tiempo pasaba Jesús por los sembrados en sábado. Sus discípulos tenían hambre, así que comenzaron a arrancar algunas espigas de trigo y comérselas. Al ver esto, los fariseos le dijeron:

—¡Mira! Tus discípulos están haciendo lo que está prohibido en sábado.

Él les contestó:

—¿No han leído lo que hizo David en aquella ocasión en que él y sus compañeros tuvieron hambre? Entró en la casa de Dios, y él y sus compañeros comieron los panes consagrados a Dios, lo que no se les permitía a ellos sino sólo a los sacerdotes. ¿O no han leído en la ley que los sacerdotes en el templo profanan el sábado sin incurrir en culpa? Pues yo les digo que aquí está uno más grande que el templo. Si ustedes supieran lo que significa: "Lo que pido de ustedes es misericordia y no sacrificios", no condenarían a los que no son culpables. Sepan que el Hijo del hombre es Señor del sábado. (MATEO 12:1-8)

Los estudiantes de Jesús, sus próximos embajadores, están incumpliendo de manera flagrante con el sabbat. Jesús los defiende. Comprenderás que, para este momento, las autoridades piensan que él es demasiado peligroso. Y lo es. En sus mentes, está siempre violando la ley y alentando a otros para que también lo hagan. Lo consideran un forajido; por cierto que terminan colgándolo como si lo fuera.

Con el fin de entender qué impulsa a este hombre, debes tener presente la distinción entre las leyes de Dios y las leyes del hombre y, además, esa magnífica diferencia entre el espíritu de la ley y la letra de la ley.

Permíteme aclararlo con otro contraste. Un querido amigo asistía a una universidad cristiana. Como parte del acuerdo, se exigía a los alumnos concurrir a la capilla tres veces por semana. Asimismo, los estudiantes de primer año tenían que participar de una de las tantas reuniones de estudio de la Biblia que se realizaban entresemana en el campus; se los «alentaba profundamente» a «convertirse en miembros activos» de una iglesia local. Esto equivaldría a cinco encuentros religiosos semanales como mínimo, para estudiantes que ya estaban a diario en una comunidad cristiana mucho más rica que el 99 por ciento de los feligreses y, además, bajo la educación cotidiana de maestros cristianos.

Ahora, un comentario sobre el sabbat. Cuando Dios lo estableció en el capítulo 2 del Génesis, quedaba en claro que debía destinarse al descanso: «Al llegar el séptimo día, Dios descansó porque había terminado la obra que había emprendido. Dios bendijo el séptimo día, y lo santificó, porque en ese día descansó de toda su obra creadora» (Génesis 2:2-3). Los judíos lo entendieron bien. No se permitía el trabajo en sabbat. «Trabaja durante seis días, pero descansa el séptimo. Ese día deberás descansar, incluso en el tiempo de arar y cosechar» (Éxodo 34:21). Debes descansar.

Asimismo, Jesús deja en claro que el sabbat se creó para el hombre y no al revés. Es decir, no estamos al servicio del Sabbat, sino que el sabbat está a *nuestro* servicio. Mi amigo prefirió no concurrir a la iglesia los domingos. Como respuesta, recibió ceños fruncidos y recelo; se lo rechazó como a un cristiano marginalmente comprometido. Esto es ridículo; ebriedad por la actividad religiosa, gula. Estos alumnos estaban recargados de una exigencia extraordinaria de estudio. Las tareas diarias eran una cruz para ellos y les exigían trabajar hasta muy altas horas de la noche todos los días. La falta de sueño era común en el campus. Si alguien necesitaba que el domingo fuera un día de descanso eran estos acosados discípulos. En vez de reducir la carga de trabajo los domingos, la cultura de la universidad agregó otra obligación. Por lo tanto, se violaba el espíritu de la ley, mientras se pretendía honrarla.

Éste es un ejemplo muy simple sobre cuán sofocantes se pueden tornar las instituciones religiosas.

Pero siempre tienen sus razones. Los líderes de esta universidad lucharán por las políticas que crearon. Existe una antigua broma para explicar por qué los bautistas no hacen el amor de pie; porque se podría creer que están bailando. Esta idea captura de manera hermosa lo absurdo que es el legalismo. Esta creación de leyes miserable, nimia, trivial y mezquina termina endureciendo tus sentimientos hacia Dios mientras que fortalece tu superioridad moral. Con razón Jesús odia esto.

Se acercaron a Jesús algunos fariseos y maestros de la ley que habían llegado de Jerusalén, y le preguntaron:

—¿Por qué quebrantan tus discípulos la tradición de los ancianos? ¡Comen sin cumplir primero el rito de lavarse las manos!

[Jesús respondió] ¡Hipócritas! Tenía razón Isaías cuando profetizó de ustedes:

«Este pueblo me honra con los labios, pero su corazón está lejos de mí. En vano me adoran; sus enseñanzas no son más que reglas humanas».

Jesús llamó a la multitud y dijo:

—Escuchen y entiendan. Lo que contamina a una persona no es lo que entra en la boca sino lo que sale de ella.

Entonces se le acercaron los discípulos y le dijeron:

—¿Sabes que los fariseos se escandalizaron al oír eso?

—Toda planta que mi Padre celestial no haya plantado será arrancada de raíz —les respondió—. Déjenlos; son guías ciegos. Y si un ciego guía a otro ciego, ambos caerán en un hoyo.

—Explícanos la comparación —le pidió Pedro.

—¿También ustedes son todavía tan torpes? —les dijo Jesús—. ¿No se dan cuenta de que todo lo que entra en la boca va al estómago y después se echa en la letrina? Pero lo que sale de la boca viene del corazón y contamina a la persona. Porque del corazón salen los malos pensamientos, los homicidios, los adulterios, la inmoralidad sexual, los robos, los falsos testimonios y las calumnias. Éstas son las cosas que contaminan a la persona, y no el comer sin lavarse las manos. (MATEO 15:1-2, 7-20)

Es posible oír su indignación. Hipócritas. Guías ciegos. Después, al igual que en el Sermón de la Montaña, Jesús nos coloca ante una vista más profunda y *verdadera* de la santidad. Los temas son, ante todo, internos y luego son siempre externos. Puedes matar a alguien sin siquiera apretar el gatillo. Violas el sabbat si llega el domingo y estás agotado. Especialmente si te sientes exhausto por la iglesia. Letra y espíritu. Todas esas «leyes de los hombres» externas no hacen nada por promover una genuina santidad. Pero sí convierten a las personas en fariseos. Por montones.

La libertad de Jesús es algo muy difícil de enseñar por diversas razones; mencionaré dos. En primer lugar, hay ciertos tipos que escucharán esto y encontrarán una excusa para vivir como les place. A muchos personajes de nuestra era irreverente «no les importa lo que piensan los demás». Su libertad es vulgar e impura. La libertad que crea Jesús no es un burdo «gesto grosero hacia el mundo». O hacia la iglesia, en realidad.

Otros rechazarán la libertad que ofrece Jesús por temor, ya sea por miedo a lo que puedan pensar los demás (que, irónicamente, es un pecado) o a «caer en la inmoralidad». Entonces seré muy claro, la libertad escandalosa que crea Jesús para nosotros se basa en la comprensión de una santidad mucho más profunda que cualquier cosa que hayan inventado los religiosos. Recuerda: «Porque les digo a ustedes, que no van a entrar en el reino de los cielos a menos que su justicia supere a la de los fariseos y de los maestros de la ley» (Mateo 5:20).

La única manera posible de que esto suceda es mediante una revolución interna, un cambio de sentimientos. Cuando tenemos un corazón como el de Jesús.

Un ejemplo más:

> Uno de los fariseos invitó a Jesús a comer, así que fue a la casa del fariseo y se sentó a la mesa. Ahora bien, vivía en aquel pueblo una mujer que tenía fama de pecadora. Cuando ella se enteró de que Jesús estaba comiendo en casa del fariseo, se presentó con un frasco de alabastro lleno de perfume. Llorando, se arrojó a los pies de Jesús, de manera que se los bañaba en lágrimas. Luego se los secó con los cabellos; también se los besaba y se los ungía con el perfume. (Lucas 7:36-38)

¡Vaya! Ésta es otra escena escandalosa. Esta «mujer perdida» limpia los pies de Jesús con su cabello y con sus *besos*. Un encuentro muy íntimo. Es evidente que ha perdido su capacidad para interesarse por lo que las «buenas personas» piensan y Jesús parece que ni siquiera se molesta en probar esa capacidad. No hace «distinción entre las personas». Por lo menos no de la manera como lo hace la mayoría en este mundo, *en especial* los líderes. Esto es muy notable en la sociedad de los religiosos, porque el temor del hombre gobierna ese mundo. «Lo que las buenas personas piensan» es un motivador muy, muy poderoso y la razón de ser de la mayor parte de las políticas ridículas.

> Al ver esto, el fariseo que lo había invitado dijo para sí: «Si este hombre fuera profeta, sabría quién es la que lo está tocando, y qué clase de mujer es: una pecadora.» (Lucas 7:39)

¿Puedes creer la arrogante superioridad moral de estos tipos? Quien lo invita a cenar es un pecador. También es pecador quien está a cargo de la sinagoga. Esta vez, Jesús responde con paciencia; por lo visto, este fariseo está abierto a una nueva forma de comprensión de la bondad.

Entonces Jesús le dijo a manera de respuesta:

—Simón, tengo algo que decirte.

—Dime, Maestro —respondió.

—Dos hombres le debían dinero a cierto prestamista. Uno le debía quinientas monedas de plata, y el otro cincuenta. Como no tenían con qué pagarle, les perdonó la deuda a los dos. Ahora bien, ¿cuál de los dos lo amará más?

—Supongo que aquel a quien más le perdonó —contestó Simón.

—Has juzgado bien —le dijo Jesús. (Lucas 7:40-43)

Después de salvar a Simón del espíritu religioso, Jesús comienza a ocuparse del precioso corazón de esta mujer valiente que ingresó con tanta audacia y humildad. Está expuesta a las miradas desdeñosas de los demás invitados; están cuchicheando en voz alta. Jesús la ampara:

Luego se volvió hacia la mujer y le dijo a Simón:

—¿Ves a esta mujer? Cuando entré en tu casa, no me diste agua para los pies, pero ella me ha bañado los pies en lágrimas y me los ha secado con sus cabellos. Tú no me besaste, pero ella, desde que entré, no ha dejado de besarme los pies. Tú no me ungiste la cabeza con aceite, pero ella me ungió los pies con perfume. Por esto te digo: si ella ha amado mucho, es que sus muchos pecados le han sido perdonados. Pero a quien poco se le perdona, poco ama.

Entonces le dijo Jesús a ella:

—Tus pecados quedan perdonados.

Los otros invitados comenzaron a decir entre sí: «¿Quién es éste, que hasta perdona pecados?»

—Tu fe te ha salvado —le dijo Jesús a la mujer—; vete en paz. (Lucas 7:44-50)

Si no comprendes esta escena, no podrás entender la santidad cristiana. Si no piensas que es una de las historias más bellas que jamás hayas leído, no *anhelarás* la santidad cristiana. Y, con seguridad, no comprenderás a Jesús.

El hombre está libre —libre de lo que piensan las personas, de la religión y de la obligación falsa—. A las personas no les gustará, no lo comprenderán, sacarán falsas conclusiones, lo señalarán y mucho más aún. También está libre de esto. Oh, ser tan libre.

Cuanto más te enamores de la genuina bondad de Jesús, que es verdadera, más detestarás rotundamente el engaño de una falsa devoción y una moral frívola. Como él. Jesús tiene una libertad desenfrenada *que nace de su profunda santidad*.

Lo que lo convierte en la persona más extraordinaria que haya conocido.

Para hacerles justicia, quienes crucificaron a Jesús no lo hicieron porque era un aburrido. Todo lo contrario; era demasiado dinámico para ser seguro. Se dejó que las generaciones siguientes ocultaran esa personalidad anonadante y la rodearan de una atmósfera tediosa.[2]

CAPÍTULO NUEVE

ASTUCIA

En un consejo que podría haberse copiado de un manual de entrenamiento de la CIA o de las reuniones secretas de una célula revolucionaria, Jesús dice a su pequeño pelotón: «Los envío como ovejas en medio de lobos. Por tanto, sean astutos como serpientes y sencillos como palomas» (Mateo 10:16). Nos gusta la parte que dice sencillos como palomas; suena bien. Muy característico de la catequesis. Pero esa primera parte, un momento. ¿Astutos como *serpientes*? Cuando escuchas a alguien decir «es una serpiente», ¿piensas *ah, qué buen cristiano*?

La clase de cosas que dice Jesús.

Corramos la cortina religiosa. Una paloma y una serpiente. Seguramente recuerdan la paloma que descendió sobre Jesús. Con respecto a la metáfora de la serpiente, estos judíos la habrán relacionado en seguida con la serpiente del Edén. Sé tan santo como el Espíritu y tan astuto como Satanás. *¿Qué* quieres que hagamos? Jesús dice: «Cuidado, este mundo es muy peligroso». Los discípulos se miran unos a otros mientras piensan *Bien. Tenemos al Hijo de Dios de nuestro lado.* «Es verdad —continuó—. Tómenlo en serio. Los envío al

Congo con un cuchillo de mantequilla. Son presa fácil. Deben ser santos y *deben* ser astutos».

Ya han estado observando a Jesús durante unos pocos años. Su manera de actuar debe de haber conferido una importancia seria a esta orden.

Volvamos y reanudemos nuestra claridad anterior (que probablemente ya se perdió) con respecto al *contexto* de la vida de Jesús —esos pequeños asesinados, el gemido de sus padres, el ángel de la noche, Jesús bien atado bajo un manto mientras sus padres escapaban del país—. Jesús es un hombre perseguido. En muchas ocasiones durante los últimos tres años, desapareció del pueblo porque los matones lo esperaban para atraparlo. No es tonto. Sabe muy bien que opera detrás de las líneas enemigas. Pretende hacer una revolución, pero sabe que la elección del momento es esencial. Debe ser más listo que sus enemigos, evadir las autoridades religiosas sin que se note y entrenar a sus discípulos para que continúen después de su partida, a pesar de que parecen tener el sentido común de un niño de tres años.

Ahora obsérvalo navegar.

Poco tiempo después de la tentación en el desierto, Jesús está haciendo milagros y expulsando demonios. Atrajo hacía sí al marginado. Las multitudes se incrementan con el oprimido; el aire está electrizado con el entusiasmo de la novedad. Algo huele a sublevación. Pronto la muchedumbre intentará capturar a Jesús y convertirlo en rey por la fuerza (él también desaparece de esa escena y se traslada a otro lugar). Entonces ofrece lo siguiente:

No piensen que he venido a anular la ley o los profetas; no he venido a anularlos sino a darles cumplimiento. Les aseguro que mientras existan el cielo y la tierra, ni una letra ni una tilde de la ley desaparecerán hasta que todo se haya cumplido. Todo el que infrinja uno solo de estos mandamientos, por pequeño que sea, y enseñe a otros a hacer lo mismo, será considerado el más pequeño en el reino de los cielos; pero el que los practique y enseñe será considerado grande en el reino de los cielos. (MATEO 5:17-19)

Durante los años que siguen, el movimiento de Jesús perturbará muy, pero muy profundamente el sistema judío. Dará vuelta todo. El mundo ya no será el mismo. Literalmente. Pero en cada uno de sus movimientos hay una precisión. Si no se contara con sus enseñanzas sobre la genuina santidad, la multitud podría inclinarse a la anarquía. La psicología multitudinaria es tan estable como el plutonio. Una turba ya trató de arrojarlo por un acantilado. Otra podría intentar un levantamiento. No olvides que ésta es la época de los coliseos.

Y también debe mantener a las autoridades religiosas desconcertadas. «No he venido a anular la ley; ni una letra ni una tilde de la ley... Todo el que infrinja uno sólo de estos mandamientos y enseñe a otros a hacer lo mismo, será considerado el más pequeño en el reino de los cielos». De repente puso a la muchedumbre a pensar en su ética y dejó a la política religiosa perpleja en cuanto a sus intenciones. Brillante.

Ahora, el conflicto se intensificará. Pero aún así, a Jesús no se lo embaucará antes de tiempo. Continúa con sus maniobras:

Entonces salieron los fariseos y tramaron cómo tenderle a Jesús una trampa con sus mismas palabras. Enviaron algunos de sus discípulos junto con los herodianos, los cuales le dijeron:

—Maestro, sabemos que eres un hombre íntegro y que enseñas el camino de Dios de acuerdo con la verdad. No te dejas influir por nadie porque no te fijas en las apariencias. Danos tu opinión: ¿Está permitido pagar impuestos al césar o no?

Conociendo sus malas intenciones, Jesús replicó:

—¡Hipócritas! ¿Por qué me tienden trampas? Muéstrenme la moneda para el impuesto.

Y se la enseñaron.

—¿De quién son esta imagen y esta inscripción? —les preguntó.

—Del césar —respondieron.

—Entonces denle al césar lo que es del césar y a Dios lo que es de Dios.

Al oír esto, se quedaron asombrados. Así que lo dejaron y se fueron. (MATEO 22:15-22)

No morderá el anzuelo de sus trampas; no se lo marginará por ser miembro de «este grupo» o por tener «esa posición». La culpa por asociación es una carta de triunfo fácil en la vida pública. Si puedes rotular a tus opositores como derechistas o liberales, fundamentalistas o carismáticos, ni siquiera debes plantear tu caso. Tus adeptos rechazarán al culpable con indignación justificada. Cuando se tilda a alguien de algo, se evita que pueda probar su inocencia, que exponga su caso. Es una treta barata y eficaz que se utilizó durante bastante tiempo, preferida especialmente por los religiosos. Emplumarlos.

A Jesús no se lo engañará. Burlará a los partidarios de los romanos y a cualquiera que busque un motivo para denunciarlo ante César mediante estas palabras: «Hay que darle lo que es de él». Se mantiene firme como un buen judío cuando agrega: «Y hay que darle a Dios lo que es de él». Admirable. ¿Te das cuenta qué *listo* es Jesús? Y es astuto como una serpiente.

—¿Con qué autoridad haces esto? —lo interrogaron—. ¿Quién te dio esa autoridad?

—Yo también voy a hacerles una pregunta. Si me la contestan, les diré con qué autoridad hago esto. El bautismo de Juan, ¿de dónde procedía? ¿Del cielo o de la tierra?

Ellos se pusieron a discutir entre sí: «Si respondemos: "Del cielo", nos dirá: "Entonces, ¿por qué no le creyeron?" Pero si decimos: "De la tierra"... tememos al pueblo, porque todos consideran que Juan era un profeta.» Así que le respondieron a Jesús:

—No lo sabemos.

—Pues yo tampoco les voy a decir con qué autoridad hago esto. (Mateo 21:23-27)

Los títeres clericales se animan a cuestionar su autoridad. Da vuelta la prueba de tal manera que pone contra la pared a los que querían cerrarle el paso. Ahora no saben qué decir ni hacer. Jesús manifiesta: «Si no me contestan, yo no tengo por qué hacerlo». Luego simplemente se retira. Hermoso.

Pero Jesús hace el mejor uso de su brillante astucia con los corazones que trata de conquistar. Ésta es una tarea bastante más ardua. Volvamos a la historia de la mujer junto al pozo, ya que la dejamos demasiado pronto. Hay mucho más que vale la pena disfrutar. Recuerda: un judío solo, una samaritana sola. Ella es sexualmente indiscreta. Están solos. Él entabla una conversación. *Ella* sabe que es escandaloso. «Tú eres judío y yo soy samaritana». Ella aclara que es una mujer. «¿Cómo se te ocurre pedirme agua?». Exactamente. ¿Qué se supone que debe interpretar una muchacha?

Es una tipa durísima. Una palestina más sumisa del siglo i que no tenía derechos legales le habría sacado el agua sin decir una palabra, sin importar qué pensaba. Pero ésta inicia una pelea. Ya me gusta. Jesús contesta:

—Si supieras lo que Dios puede dar, y conocieras al que te está pidiendo agua —contestó Jesús—, tú le habrías pedido a él, y él te habría dado agua que da vida. (Juan 4:10)

Una respuesta que casi insinúa: «¡Un momentito, vaquera! No sabes en qué te estás metiendo». Su contestación está llena de fuerza:

—Señor, ni siquiera tienes con qué sacar agua, y el pozo es muy hondo; ¿de dónde, pues, vas a sacar esa agua que da vida? (JUAN 4:11)

Casi puedes verla con una mano en la cadera, la jarra en la otra y la cabeza ladeada con esa impertinencia: «¿De dónde vas a sacar esa agua? No tienes ni una cuerda», y puedes sentir la insinuación: «No tienes ni una cuerda, *rabino*». Luego agrega un poco de tensión racial:

¿Acaso eres tú superior a nuestro padre Jacob, que nos dejó este pozo, del cual bebieron él, sus hijos y su ganado? (JUAN 4:12)

A los samaritanos se los odiaba porque eran mestizos. Meter a Jacob en esto es provocativo. «¿Crees que eres superior a mí?». Un comentario que habría indignado a tu fariseo medio. Ella está buscando pelea. Esta conversación vale por todo el relato. Pero espera, hay más. Jesús no muerde el anzuelo. Su siguiente comentario es pura intriga:

—Todo el que beba de esta agua volverá a tener sed —respondió Jesús—, pero el que beba del agua que yo le daré, no volverá a tener sed jamás, sino que dentro de él esa agua se convertirá en un manantial del que brotará vida eterna.

—Señor, dame de esa agua para que no vuelva a tener sed ni siga viniendo aquí a sacarla.

—Ve a llamar a tu esposo, y vuelve acá —le dijo Jesús.

—No tengo esposo —respondió la mujer. (JUAN 4:13-17)

Jesús está tendiendo una trampa. Ella hace un comentario sarcástico tras otro, como la mesera de una cantina peligrosa. Él tiene la destreza de un torero. Ella es irascible y luego se pone a la defensiva. Él es gentil y encantador. Después parece que algo cambia en la actitud de la samaritana —observa la información crítica que elige *ocultar*: «No tengo esposo»—. Técnicamente, es verdad. ¿Algo más? Ella *vive* con un hombre, ¿por qué no lo reconoce? «En este momento no estoy saliendo con nadie». ¿Se le está insinuando un poco a Jesús, este hombre fascinante que siguió buscándola, solo, fuera de la ciudad? Algo provoca a Jesús a decir: «Ve por tu marido».

Ahora la tiene justo donde quiere y le saca la silla antes de que ella se siente.

—Bien has dicho que no tienes esposo. Es cierto que has tenido cinco, y el que ahora tienes no es tu esposo. En esto has dicho la verdad. (Juan 4:17-18)

Clic. La pilló.

Con el fin de apreciar su estilo, considera que para él habría sido mucho más fácil abordar toda la conversación de una manera más directa: «Hola. Soy el Mesías. ¿Cómo te llamas?». «Hola. Veo que estás aquí al mediodía. ¿Es porque estás en tu sexta relación?». Como suele hacer tan a menudo, Jesús usa el *enfoque indirecto*. Divertido y astuto. Muy astuto. Me encantaría saber cuánto duró esa pausa, ver la mirada en el rostro de la mujer después de que él le lee los secretos de sus diarios. ¿Se le cae el cubo?

Y observa que él no le saca a relucir el séptimo mandamiento. Sólo le dice que sabe lo que ella está ocultando. Mucho más bochornoso. Ella intenta una carta racial/religiosa más, tal vez para desviar la atención. Jesús se mantiene firme. Él debe de estar sonriéndole en este momento porque ella no contraataca después de esto. «Sé que viene el Mesías. Cuando él venga nos explicará todas las cosas» (Juan 4:25). Es lo más humilde que ella dijo hasta ahora. Esencialmente, está preguntando: «¿Eres quien *pienso* que eres?». Jesús sólo responde: «Ajá». Qué forma maravillosa de atraer a esta mujer. La historia finaliza cuando ella corre para contarle a toda la aldea y él, con su estilo generoso, se queda dos días con ellos. Un rabino judío que pasa tiempo con samaritanos.

Para apreciar en profundidad la trama y el entusiasmo de su astucia en estas historias, entreteje su carácter divertido con su sinceridad y su generosidad con su firme propósito. Agrega un poco de su asombrosa libertad. Amo a este hombre.

Ahora obsérvalo con «el joven soberano rico»:

> Cuando Jesús estaba ya para irse, un hombre llegó corriendo y se postró delante de él.
>
> —Maestro bueno —le preguntó—, ¿qué debo hacer para heredar la vida eterna? (MARCOS 10:17)

Jesús está dejando el pueblo para emprender un viaje. Para poder postrarse delante de él, este sujeto debería de haber obstaculizado su camino. Una última intervención lo deja frente a Jesús con sólo un poco de dramatismo. Jesús actúa como si éste fuera un tipo religioso más que simula adulación afianzada con su autoevaluación de superioridad moral.

> —¿Por qué me llamas bueno? —respondió Jesús—. Nadie es bueno sino sólo Dios. Ya sabes los mandamientos: «No mates, no cometas adulterio, no robes, no presentes falso testimonio, no defraudes, honra a tu padre y a tu madre». (MARCOS 10:18-19)

No me halagues. Conoces los mandamientos, respétalos. Le da una típica respuesta judía, una contestación que parece el fin de una conversación porque, por lo visto, se da vuelta para irse. La sinceridad del hombre se transforma en evidente:

> —Maestro —dijo el hombre—, todo eso lo he cumplido desde que era joven.
>
> Jesús lo miró con amor. (Marcos 10:20-21)

Con la intención de detener a Jesús dice: «Maestro», y luego: «todo eso lo he cumplido». Es como si Jesús se diera vuelta, lo mirara con más intensidad y observara si este hombre quisiera decir lo que dice. Ve algo más, algo que cambia totalmente su estado anímico. Jesús lo miró y lo amó. Este paso que sigue es el más difícil de ejecutar bien. Jesús intenta alcanzar el extremo de la alfombra en la que el hombre está parado (o arrodillado, si eres partidario del literalismo).

—Una sola cosa te falta: anda, vende todo lo que tienes y dáselo a los pobres, y tendrás tesoro en el cielo. Luego ven y sígueme.

Al oír esto, el hombre se desanimó y se fue triste porque tenía muchas riquezas. (MARCOS 10:21-22)

«Oh, una cosa más...». El joven tiene un ídolo al que se aferra en su corazón. Debe de haber sido su amor secreto; lo sabemos por su reacción. Jesús lo supo al mirar su corazón. En la típica postura espiritual de la religión del pasado, la iglesia se apoderó de este pasaje e hizo que la pobreza fuera un requisito para seguir a Cristo. Pero esto significa no comprender la idea en absoluto. Entre los discípulos de Jesús, había hombres y mujeres ricos, como José de Arimatea y las mujeres que apoyaban su ministerio. Dios previno a los judíos varias veces contra la idolatría, les advirtió que si alguien instalaba un ídolo en su corazón, Dios mismo se pondría en contra de ellos. Pero qué difícil es destronar a un ídolo preciado.

¿Puedes imaginar cuán devastador fue esto? El joven líder creyó que había llevado una vida completamente honrada. En un comentario, casi como una ocurrencia tardía, Jesús lo da a conocer como un pagano bruto que se inclina ante una escultura de madera en una tienda llena de humo y masculla oraciones. Éste es Jesús en todo su esplendor; desequilibra a este hombre, hace que todo su mundo tambalee y, al mismo tiempo, estira la mano para sujetarlo: «Déjalo ir. Luego ven y únete a mí. Quiero que te unas». ¡Qué invitación!

Pero la idea de entregar su preciado tesoro —su fuente de vida, seguridad y estatus— es demasiado para el impetuoso joven. Se aleja apenado con la cabeza gacha. Expuesto pero también cautivo de su falso dios. Nuevamente, la riqueza no es el punto. El ídolo lo es. Podría ser cualquier cosa: la atención de los hombres, como con la mujer que estaba junto al pozo, o la superioridad moral, como con los religiosos. Podría tratarse de la posición, el poder, la familia o incluso la iglesia. Fabricamos ídolos con más rapidez de la que navegamos en Internet.

Pero, ¿no es una historia sobre la astucia de Jesús? ¿Termina cuando el hombre se marcha? Observa atentamente:

Jesús miró alrededor y les comentó a sus discípulos:

—¡Qué difícil es para los ricos entrar en el reino de Dios!

Los discípulos se asombraron de sus palabras.

—Hijos, ¡qué difícil es entrar en el reino de Dios! —repitió Jesús—. Le resulta más fácil a un camello pasar por el ojo de una aguja, que a un rico entrar en el reino de Dios.

Los discípulos se asombraron aún más, y decían entre sí: «Entonces, ¿quién podrá salvarse?»

—Para los hombres es imposible —aclaró Jesús, mirándolos fijamente—, pero no para Dios; de hecho, para Dios todo es posible. (MARCOS 10:23-27)

Visualízalo observando al joven soberano, ahora a lo lejos, mientras dice estas últimas pocas palabras. Jesús conoce la sinceridad de este hombre, había algo en él que hacía que Jesús lo amara. Sabía que había tirado del único hilo que desenmarañaría toda la estructura de su vida. Creo que Jesús sabe que funcionó. Sí, todos ven que el hombre desaparece de la vista, y los discípulos son pesimistas. Jesús asiente. «Para los hombres es imposible». Peor él ve lo que no ven los demás, ve la revolución interna que ya está aconteciendo, «pero no para Dios; de hecho, para Dios todo es posible». Con una sonrisa y un guiño es como si dijera: «Volverá». Luego se da vuelta y se aleja de la ciudad.

Caramba, ¿es bueno Jesús?

Sólo apreciarás la maestría de Jesús cuando comprendas el campo minado que atraviesa. Avanza contra el príncipe de las tinieblas en un intento por llegar al corazón humano. La situación es tramposa por completo. Satanás ya se impuso —capturó nuestros corazones cuando caímos en el Edén. A algunos los atrapó con el abuso, a otros mediante la seducción y a los demás por medio de la religión—. Oh, qué difícil es rescatar el corazón del hombre, despojar a las personas de sus medios de supervivencia elegidos sin hacerlos caer en la resignación, la desesperanza y la actitud defensiva.

Jesús no usa una maniobra de poder como atajo. No obliga a nadie a seguirlo. Parece un tanto renuente a hacer sus milagros. Nunca abruma la voluntad de una persona con una soberbia demostración de su majestuosidad. Él busca apoyo, se enfrenta, da, sana, es directo y luego usa la intriga. Experimenta ante ellos la visión más convincente de Dios, les muestra una santidad increíblemente atractiva mientras hace pedazos el aturdimiento religioso. Pero aun así, les permite alejarse si lo eligen.

Ahora, Satanás tiene un as en la manga —incluso si sus cautivos quieren salir del campo de prisioneros de guerra, tiene derecho legal sobre ellos—. Un derecho que sólo puede quebrantarse con sangre. Estos prisioneros pueden redimirse, pero sólo a un costo terrible.

Pareciera que el maléfico no comprende el siguiente paso de Jesús. Ve la oportunidad de terminar con lo que inició en la masacre de los inocentes. Las autoridades aprehenden a Jesús por la noche, le hacen falsas acusaciones, sobornan a los testigos y luego consiguen a un títere romano hastiado y cínico para que lo ejecute porque la muchedumbre está a punto de causar disturbios. Parece que Jesús no tiene opciones, que perdió su habilidad para maniobrar. Sin embargo, esto funciona a la perfección para su plan —su estratagema secreta para derrocar el dominio del maléfico en la tierra—. Por lo visto, Satanás *no* sabía que al sacrificar a Jesús sacaría la única pieza que haría que todo su reino se desmoronara y cayera en el plan que Dios Padre había ideado con cuidado, siempre con tanto cuidado para desarticular el mal: «Más bien, exponemos el misterio de la sabiduría de Dios, una sabiduría que ha estado escondida y que Dios había destinado para nuestra gloria desde la eternidad. Ninguno de los gobernantes de este mundo la entendió, porque de haberla entendido no habrían crucificado al Señor de la gloria» (1 Corintios 2:7-8).

Ya lo creo que no lo habrían hecho. Esto arruinó todo, desde un cierto punto de vista.

Ahora, tal vez esto no sea nada nuevo para ti; quizá ya has visto algo de esto antes. Pero tráelo al presente, ¿amamos a Jesús por su astucia? No recuerdo una sola canción de adoración que contenga la palabra *astuto*. «Eres astuto» o «Astuto, astuto, astuto». ¿Interpretamos sus actos en nuestra vida como, tal vez, parte de algún plan astuto? Esa respuesta tardía a las oraciones, ¿hay algo brillante en el sentido de la oportunidad? ¿Creerlo así nos ayudaría a descansar? Cuando responde a nuestras oraciones con un «no», ¿lo vemos evitándonos alguna amenaza inadvertida? Y en lo que se refiere a nuestra propia «imitación de Cristo», ¿encaramos nuestros días con la pregunta *De qué manera Jesús me permitirá hoy parecerme a la serpiente*? ¿No suena un tanto contrario al espíritu cristiano?

No apreciamos la astucia de Jesús porque insistimos en aferrarnos a nuestra visión ingenua del mundo. Sólo queremos que la vida sea fácil; simplemente deseamos que la vida sea buena. No nos interesa tratar con el mal, entonces simulamos que no lo tenemos. Tampoco queremos navegar en el pecado. Preferimos nuestro parloteo de café y nuestros compromisos del estilo de Twitter. Jugamos en la iglesia. Como si pensáramos que nuestra misión y nuestro contexto son diferentes de los de Jesús. Aunque él diga: «Como el Padre me envió a mí, así yo los envío a ustedes» (Juan 20:21).

Jesús contó otra parábola a sus discípulos: «Un hombre rico tenía un administrador a quien acusaron de derrochar sus bienes. Así que lo mandó a llamar y le dijo: "¿Qué es esto que me dicen de ti? Rinde cuentas de tu administración, porque ya no puedes seguir en tu puesto." El administrador reflexionó: "¿Qué voy a hacer ahora que mi patrón está por quitarme el puesto? No tengo fuerzas para cavar, y me da vergüenza pedir limosna. Tengo que asegurarme de que, cuando me echen de la administración, haya gente que me reciba en su casa. ¡Ya sé lo que voy a hacer!"

Llamó entonces a cada uno de los que le debían algo a su patrón. Al primero le preguntó: "¿Cuánto le debes a mi patrón?" "Cien barriles de aceite", le contestó él. El administrador le dijo: "Toma tu factura, siéntate en seguida y escribe cincuenta." Luego preguntó al segundo: "Y tú, ¿cuánto debes?" "Cien bultos de trigo", contestó. El administrador le dijo: "Toma tu factura y escribe ochenta."

Pues bien, el patrón elogió al administrador de riquezas mundanas por haber actuado con astucia. Es que los de este mundo, en su trato con los que son como ellos, son más astutos que los que han recibido la luz. Por eso les digo que se valgan de las riquezas mundanas para ganar amigos, a fin de que cuando éstas se acaben haya quienes los reciban a ustedes en las viviendas eternas. (Lucas 16:1-9)

Jesús está más impresionado con la astucia de «los de este mundo» que con la ingenuidad tan común de «los que han recibido la luz». Y entonces —volviendo a la analogía de las palomas y las serpientes— nos insta a ser astutos: «Aquí está la lección: usen sus recursos mundanos para beneficiar a otros y para hacer amigos. Entonces, cuando esas posesiones terrenales se acaben, ellos les darán la bienvenida a un hogar eterno» (Lucas 16:9 NTV). Hay un cierto encanto en la ingenuidad de Forrest Gump, el tipo de encanto con el que tu abuela llevaba sus guantes blancos a la iglesia, ¿pero podrías confiar tu vida a esa clase de personas?

La respuesta de Dios al levantamiento de la torre de Babel fue astuta: confundir los idiomas de la tierra. Por cierto que fue mucho mejor que quitar el sentido del habla. Los hombres podían progresar un poco, pero pasarían un montón de tiempo tratando de unir de nuevo el mundo en una rebelión contra Dios.

Instalar la eternidad en nuestros corazones fue astuto, para que cada uno de nosotros esté angustiado toda la vida con los deseos insatisfechos y esto nos hará buscar la única fuente que pueda calmar nuestra sed.

El sexo fue astuto. Dado el egoísmo y el egocentrismo de la humanidad, ¿qué más que comprometer a las personas al sacrificio diario y de por vida de la crianza de los hijos?

Creo que el movimiento del Espíritu en la iglesia es astuto; primero acá, luego allá para evitar que los hombres lo sistematicen y que el enemigo lo aplaste. Es como un partido de *rugby*.

Jesús es sagrado y astuto. Es parte de lo que hace que lo ame.

CAPÍTULO DIEZ

HUMILDAD

Recorrimos los Evangelios de una punta a la otra, recogimos un tesoro y luego nos apresuramos para buscar otro, como hacen los niños en la mañana de Navidad. Ahora quiero considerar un momento de la vida de Jesús que consta en el libro de Daniel del Viejo Testamento. Este profeta honrado —que pasó su adultez en el exilio al servicio de las cortes babilónicas— recibió una cantidad de atisbos asombrosos sobre el futuro. Éste es, en mi opinión, el más deslumbrante de todos:

> En esa visión nocturna, vi que alguien con aspecto humano venía entre las nubes del cielo. Se acercó al venerable Anciano y fue llevado a su presencia, y se le dio autoridad, poder y majestad. ¡Todos los pueblos, naciones y lenguas lo adoraron! ¡Su dominio es un dominio eterno, que no pasará, y su reino jamás será destruido! (DANIEL 7:13-14)

La coronación de Jesús.

Tal vez sea el momento más feliz de la historia, pero sin duda es el más triunfal después de la resurrección. Porque ahora llegará el glorioso reino, el eterno jugueteo estival de hombres y ángeles. Su coronación asegura para siempre la victoria de un reino de risas, belleza y vida. Pero el camino a ese trono fue largo y tortuoso. Ningún rey hizo jamás un recorrido tan humilde. Su primer paso es un descenso increíble: el Hijo de Dios se convierte en el hijo del hombre:

> Que haya en ustedes el mismo sentir que hubo en Cristo Jesús, quien, siendo en forma de Dios, no estimó el ser igual a Dios como cosa a que aferrarse, sino que se despojó a sí mismo y tomó forma de siervo, y se hizo semejante a los hombres; y estando en la condición de hombre, se humilló a sí mismo y se hizo obediente. (FILIPENSES 2:5-8 RVC)

«¿Se humilló a sí mismo?»

La «humildad» apenas empieza a describir la encarnación.

Es como decir que sería humilde de tu parte si te convirtieras en un pececito de colores, vivieras en una pecera, en un mundo lleno de peces e intentaras ayudar a los otros de tu misma especie a convertirse en algo así como aves Fénix. Te deja pasmado. El eterno Hijo de Dios, «Luz de Luces, Dios verdadero de Dios verdadero... una sola esencia con el Padre», se desarrolló durante nueve meses en el útero de María. Jesús pasó por su canal de parto. Debió aprender a caminar. La Palabra de Dios tuvo que aprender a hablar. Él, que llama a las estrellas por su nombre, necesitó aprender los nombres de todo al igual que tú. «Esto es una taza. ¿Puedes decir taza? Taaazaaa».

¿O crees que el bebé Jesús llegó al mundo con el vocabulario de Dictionary.com?

Durante épocas y épocas, su generosa mano alimentó a todas las criaturas de la Tierra; ahora es él quien debe ser alimentado, a quien se le debe dar de comer en la boca y quien babea hasta el mentón la mayor parte del alimento como cualquier otro niño pequeño. El Hijo de Dios ni siquiera sabe cómo atarse los zapatos. Alguien debió enseñarle a atar esas sandalias que Juan el Bautista dijo que ninguno de nosotros era digno de desatar. «El conejo rodea el árbol y baja por el agujero... así. Ahora inténtalo tú». Visualiza a Jesús a los siete años en la parte posterior de la tienda mientras José le enseña a usar un martillo y un serrucho. A él, que colgó galaxias con un porte tan perfecto, como si fueran cien mil millones de móviles, se le debe indicar cómo clavar dos tablas.

Me saco los zapatos. La humildad que se percibe aquí está más allá de las palabras.

Recuerda que Jesús no fingía cuando aceptó su humanidad. Piensa en las consecuencias. Él, que jamás se cansa y nunca duerme, aceptó la necesidad de dormir. Todas las noches. ¿Cuán profundo fue el agotamiento que lo hizo quedarse dormido justo durante la tormenta, mientras las olas se estrellaban contra la barca? Jesús comía —todos los días— el desayuno, el almuerzo y la cena; necesitaba hacerlo. Debía recortarse las uñas del pie. Él, que viste los lirios del campo con más gloria que el esplendor de Salomón, debía lavarse la ropa, agachado a orillas del río quitaba la suciedad de sus prendas gastadas como cualquier otro campesino.

¿Qué hay acerca de la humildad de ir simplemente *a pie* de aquí para allá?

Leemos que Jesús «se fue de Judea y volvió otra vez a Galilea» (Juan 4:3) y no se detuvo para preguntarse a qué distancia estaba. A más de *70 millas* (casi 113 kilómetros). Era un viaje de dos a tres días a pie, un esfuerzo desde el alba hasta la puesta del sol. Si se evitaba ingresar a Samaria —como hacía la mayoría de los judíos—, el trayecto era de 120 millas (193 kilómetros) que se recorría en cuatro o cinco días. ¿Cuándo fue la última vez que caminaste durante tres o cuatro días seguidos? Pasamos por alto frases como «subió Jesús a Jerusalén» (Juan 2:13), como si sucedieran con la misma rapidez con las que las leemos, como si cruzara la calle para buscar un cuarto de galón (casi un litro) de leche. Desde Betania hasta Caná hay aproximadamente sesenta millas (noventa y siete kilómetros); bajar de nuevo a Jerusalén representa cuarenta millas (sesenta y cuatro kilómetros) más. Jesús hace estos viajes todo el tiempo. Él, que una vez cabalgó «en las alas del viento» (Salmo 104:3), ahora sólo se desplaza tan rápido como sus dos pies doloridos se lo permiten. Horas y horas, durante días y meses hasta el final, sólo… camina.

Dios —que está en todas partes en todo momento— debe trasladarse de un lugar a otro como un tipo que ni siquiera puede conseguir el dinero para pagar el autobús. La belleza de este relato es suficiente para hacerme llorar.

Cuando llega el momento de que Jesús inicie la campaña oficial, ingresa a la vida pública de esta manera:

> En aquellos días se presentó Juan el Bautista predicando en el desierto de Judea. Decía: «Arrepiéntanse, porque el reino de los cielos está cerca.» Juan era aquel de quien había escrito el profeta Isaías:
> «Voz de uno que grita en el desierto:
> "Preparen el camino para el Señor,
> háganle sendas derechas."»
> La ropa de Juan estaba hecha de pelo de camello. Llevaba puesto un cinturón de cuero y se alimentaba de langostas y miel silvestre. Acudía a él la gente de Jerusalén, de toda Judea y de toda la región del Jordán. Cuando confesaban sus pecados, él los bautizaba en el río Jordán. … Un día Jesús fue de Galilea al Jordán para que Juan lo bautizara. Pero Juan trató de disuadirlo.
> —Yo soy el que necesita ser bautizado por ti, ¿y tú vienes a mí? —objetó.
> —Dejémoslo así por ahora, pues nos conviene cumplir con lo que es justo —le contestó Jesús.
> Entonces Juan consintió. (MATEO 3:1-6, 13-15)

La muchedumbre se dirige en tropel al Jordan para que Juan los bautice; «toda la región» se abre paso en dirección al río. Jesús camina río abajo por la orilla junto al resto del grupo y toma su lugar en la fila. Nadie le da un segundo vistazo. No es más que otro judío bronceado por el sol que viste toga y sandalias y ocupa su lugar como un tipo que espera que llamen su número en una chacinería. Juan observa entre los varios cientos de personas que esperan para ser bautizados y ve a Jesús de pie. Está atónito. Protesta: «No podría hacerlo ni en un millón de años». Jesús responde: «Está bien. Es algo bueno. Está muy bien». Luego ingresa al río y Juan lo sumerge como a los demás.

Es una historia que no tiene nada de brillo si se la compara con los hombres que creen que llegaron para cambiar el mundo. ¿Cómo suelen lograr que las cosas se pongan en marcha? Piensa en la escena de la película *Gladiador* —característica de la toma de posesión de los emperadores romanos— en la que Cómodo ingresa a Roma en un carruaje como si fuera un héroe victorioso. Una muchedumbre anima mientras forma fila a los costados de los caminos —se les pagó para causar una buena impresión—. En medio de tanta pompa ficticia, el tonto presuntuoso hace un gesto de desaprobación con la mano y simula una aceptación humilde del trono. Su arrogancia es atroz.

Cuando se derrocó la dictadura de Saddam Hussein, se hizo una importante cobertura de los lugares públicos de Irak. Lo que me pareció particularmente vergonzoso fueron los enormes ídolos que habían erigido en su honor. En todo el país había murales y estatuas del admirable Hussein —un héroe militar apuesto y elegante, audaz, un hombre del pueblo, cuarenta años más joven de lo que realmente era—. Un semidiós. Muchos dictadores hicieron lo mismo. Hitler lo hizo; el presidente Mao también. Es simplemente escalofriante la obsesión por uno mismo y la propia exaltación, el deseo de ser adorado. Sin embargo, el único rey que alguna vez tuvo derecho a ser adorado se aparece en la ribera para el renacimiento de otras personas y espera su turno.

Después no hay conferencia de prensa ni sermón. Jesús sólo desaparece por cuarenta días, y el único que parece darse cuenta es el osado Bautista vestido con ropa de pelo de camello. Uno o dos días después de su regreso, Jesús está paseando y Juan —presa del entusiasmo— toma a sus propios discípulos por los hombros y dice: «¡Miren! ¡Miren! ¡Ahí está!».

Al día siguiente, Juan estaba de nuevo allí con dos de sus discípulos. Al ver a Jesús, que andaba por allí, dijo: «Éste es el Cordero de Dios.» Los dos discípulos lo oyeron hablar, y siguieron a Jesús. Jesús se volvió y, al ver que lo seguían, les dijo: «¿Qué buscan?» Ellos le dijeron: «Rabí (que traducido significa "Maestro"), ¿dónde vives?» Les dijo: «Vengan y vean.» Ellos fueron, y vieron donde vivía, y se quedaron con él aquel día, porque ya eran como las cuatro de la tarde. (JUAN 1:35-39 RVC)

«Rabí, ¿dónde vives?». *Vamos*, ¡¿es eso lo que realmente quieren saber?! Su maestro apostó todo a este hombre. ¡¿No crees que se mueren por preguntar: «*Eres* tú el Hijo de Dios. Nuestro Mesías. Eres en verdad el cordero que quita el pecado del mundo»?! Se trata de una oportunidad única en la vida. Jesús observa que lo están siguiendo y, en su estilo característico, sencillamente dice: «¿Puedo ayudarlos?» mientras sonríe, ladea la cabeza y arquea las cejas. Deben de haberse sentido desconcertados, como lo estarías tú, porque hicieron la peor pregunta: «¿dónde vives». Es lo que se preguntan los niños del jardín de infancia en su primer día de clase: «¿Dónde queda *tu* casa?». Jesús desarma su sobrecogimiento titubeante al decir: «Ven y observa». Ni «Oh, aquí y allá» ni «Al otro lado del pueblo». Ven y te mostraré.

Humilde y atrayente.

Andrés se apresura para buscar a Pedro. Felipe corre para encontrar a Natanael, y la bandita comienza a unirse. Deambulan hasta Galilea, donde Jesús se contacta con Jacobo y Juan. Ninguno de ellos lo sabe aún, pero se convertirán en el grupo de hermanos más famoso del mundo. De este modo comienza Jesús su ministerio. Todos escuchamos la historia pero nos perdimos el milagro —Dios nos incluye cuando comienza su obra más importante—. Aunque la primera vez lo echamos a perder de mala manera allá en el Edén. Una vez más comparte el entusiasmo. Ven conmigo, eres parte de esto, la nueva creación del mundo.

¿Eres capaz de nombrar un líder mundial que haya hecho algo que aunque sea se parezca a esto? ¿Cómo se llamaban los discípulos de Buda? ¿Y los de Gandhi? ¿Y los seguidores de George Washington? Con la excepción de unos pocos aficionados a la historia, ninguno de nosotros puede nombrar ni siquiera a uno. Pero todos los que oyen algo sobre Jesús, escuchan hablar de «los doce» y es probable que puedan nombrar a Pedro, Mateo, Jacobo y Juan, y por cierto a Judas. Jesús y «sus discípulos» van de la mano. Bien desde el comienzo, él actúa como si no se tratara todo sobre él. Comparte el escenario y la atención. Comparte su gloria: «Yo les he dado la gloria que me diste» (Juan 17:22). Incluso comparte su sufrimiento. La corona de espinas, la cruz —¿no es la parte más noble de toda su vida, el motivo por el que más lo veneramos?—. Aun en este momento se ofrece a nosotros, «participar en sus sufrimientos» (Filipenses 3:10). Es un honor que no puedo ni empezar a comprender.

La humildad que hay aquí es tan... modesta. Simplemente me deja mudo.

Una vez elegidos, Jesús necesita instruir a estos pescadores, recaudadores de impuestos y revolucionarios políticos que abandonaron sus carreras para seguirlo. No estoy seguro de que hayamos entendido las repercusiones de su decisión. Sólo pensamos: *Ah, sí, los discípulos* y olvidamos lo que en realidad se les exigía para *convertirse* en apóstoles. Esto llevará mucho trabajo. Aquí no hay ninguna hada madrina moviendo su varita mágica; estos zapallos no se convierten en carrozas. Para mostrarte qué clase de paciencia y resignación se necesitó para capacitar a estos cabezas de chorlito, analicemos dos conversaciones privadas que mantuvo Jesús con sus aprendices. (Me encanta que hayan quedado registradas para la posteridad).

La primera se lleva a cabo quizá un día después de que los muchachos ayudaran a Jesús a alimentar a una multitud de más de cuatro mil personas solamente con siete hogazas de pan y «unos pocos pescados pequeños». (Ver que la palabra «pequeños» está subrayada, me hace desternillar de la risa, como si habría sido más fácil si los pescados hubieran sido más grandes). Ellos mismos repartieron el pan que se multiplicó en sus manos y luego recogieron las siete canastadas. Cuando salen del pueblo, Jesús tiene otro altercado con los líderes religiosos, esos maquiavelos santificados, y ya comienza a hartarse de esta situación. Le exigen una señal; Jesús les responde que no van a obtenerla. Luego se vuelve y previene a los muchachos contra la corrupción contagiosa del aturdimiento religioso.

> Cruzaron el lago, pero a los discípulos se les había olvidado llevar pan.
> —Tengan cuidado —les advirtió Jesús—; eviten la levadura de los fariseos y de los saduceos.
> Ellos comentaban entre sí: «Lo dice porque no trajimos pan.» (MATEO 16:5-7)

¿Cuántas de estas pequeñas acotaciones al margen se susurraron los discípulos con el correr de los años? *«Simón, ¿qué crees que quiso decir con eso?»*. Ésta es muy graciosa. Alguien murmura: *«Está enojado con nosotros porque nos olvidamos de traer pan»*. Bien, incluso *si* Jesús estuviera refiriéndose al pan, ¿cómo podrían seguir preocupándose por el pan? Ya observaron que Jesús maneja ese problema con una facilidad asombrosa. Ayer. Pero Jesús no mencionó el pan. ¿De qué manera pasaron de una advertencia sobre el hongo de los fariseos a lo que van a preparar para la cena? Es un salto bastante lógico, un salto que ni Evel Knievel podría hacer.

¡Por Dios! ¿Cuántas veces debe darse a entender un hombre? Se lo escucha claramente frustrado. Me encanta el versículo siguiente: «Hombres de poca fe, ¿por qué están hablando de que no tienen pan?» (Mateo 16:8). Consciente de su discusión —¿no observaron que estaban en la misma barca cuando comenzaron este debate de murmullos?—, Jesús continúa:

> ¿Todavía no entienden? ¿No recuerdan los cinco panes para los cinco mil, y el número de canastas que recogieron? ¿Ni los siete panes para los cuatro mil, y el número de cestas que recogieron? ¿Cómo es que no entienden que no hablaba yo del pan sino de tener cuidado de la levadura de fariseos y saduceos?
>
> Entonces comprendieron que no les decía que se cuidaran de la levadura del pan sino de la enseñanza de los fariseos y de los saduceos. (MATEO 16:9-12)

Ah, ahora entendemos. Te referías a su *enseñanza*. Francamente, estos muchachos a veces parecen duros como el bloque de un motor.

La segunda anécdota acontece cuando Jesús se dirige a Jerusalén para el enfrentamiento final. Envía un grupo de avanzada antes que él para asegurarse una noche de alojamiento en un pueblo samaritano, pero les cierran la puerta en sus caras. Regresan furiosos a Jesús con la información y masticando la venganza:

> Envió mensajeros delante de él, y ellos se fueron y entraron en una aldea samaritana para prepararle todo; pero los de allí no lo recibieron porque se dieron cuenta de que su intención era ir a Jerusalén. Al ver esto, sus discípulos Jacobo y Juan dijeron: «Señor, ¿quieres que mandemos que caiga fuego del cielo, como hizo Elías, para que los destruya?» Pero Jesús se volvió y los reprendió. [Y les dijo: «Ustedes no saben de qué espíritu son. Porque el Hijo del Hombre no ha venido a quitarle la vida a nadie, sino a salvársela.» Y se fueron a otra aldea. (LUCAS 9:52-56 RVC)

Bueno, deben de haber recibido un reconocimiento por la pasión. Les daremos una A por su fervor. Pero en comprensión... merecen una F. Por todos los cielos, estos muchachos tenían asientos en la primera fila para presenciar el Sermón de la Montaña, luego tuvieron clases particulares sobre el tema. Durante ya casi tres años tuvieron a Jesús como profesor particular. No, muchachos, no vamos a incendiar aldeas. Ésta no es la marcha de Sherman hacia el mar. Intentémoslo nuevamente, ama a tus enemigos. Ora por quienes te persiguen. Hablando de exasperación. ¿Cómo tolera Jesús a estos mentecatos? Es como formar a los *hobbits* para que dirijan un país.

Sin embargo, esto demuestra que su humildad es genuina.

Es decir, cualquiera puede fingir esto por un rato. Ser un maestro que atrae multitudes puede ser una experiencia bastante embriagadora, todos los ojos puestos en ti y a la espera del siguiente fragmento de sabiduría que sale de tus labios. Resulta fácil ser misericordioso cuando se te venera. Pero cuando tu clase nunca entiende, te desafía, se va por las ramas, cambia el tema, malinterpreta, inicia una gresca, es en ese momento que tu personalidad queda expuesta. De verdad que nunca comprendí la fortaleza para tolerar esto. Creo que el brillo reluciente de lo *que* Jesús está enseñando ocultó el *proceso* involucrado aquí, todo lo que esto requería de él. Nos hemos acostumbrado tanto a la misericordia, amabilidad y paciencia de Jesús que nos perdemos la humildad.

Ahora este nuevo giro podría resultar sorprendente. ¿Qué hay de la humildad del Monte de la Transfiguración? Sí, la humildad.

Por un momento radiante en la vida de Jesús, se abre la cortina y se le permite un minuto de presencia nítida; habla con Moisés y Elías como debe de haber hecho muchas veces antes de su encarnación. Hasta donde sabemos, esto sólo sucede una única vez durante su vida terrenal. Y pasa casi tan lejos de la mirada del público como es posible —bien al norte del mar de Galilea, posiblemente sobre el Monte Hermón, a casi doscientas millas (trescientos veintidós kilómetros) del epicentro de la vida judía en Jerusalén—. Sólo había tres testigos a quienes —de acuerdo con la clásica modestia judía— Jesús les prohibió de inmediato contar a alguien sobre lo sucedido. Luego vuelve a descender del monte en dirección a la multitud demandante, a trasnochar, a dormir en casas o establos ajenos, a veces en el bosque, a eludir a la policía y a intentar preparar a sus muchachos para que lo sucedan.

Generalizando, recorriéndolo como si fuera un leitmotiv, lo que Jesús nos enseña ante todo es cómo hacer que nuestra vida provenga del Padre. El pasaje de Filipenses que cité con anterioridad —uno de los primeros himnos de la fe— dice que cuando Jesús llegó a la tierra más que humillarse se *despojó* a sí mismo.

Quien, siendo por naturaleza Dios, no consideró el ser igual a Dios como algo a qué aferrarse.

Por el contrario, se rebajó voluntariamente, tomando la naturaleza de siervo y haciéndose semejante a los seres humanos. (FILIPENSES 2:6-7)

Quien, siendo en forma de Dios, no estimó el ser igual a Dios como cosa a que aferrarse, sino que se despojó a sí mismo y tomó forma de siervo, y se hizo semejante a los hombres. (RVC)

Aunque era Dios, no consideró que el ser igual a Dios fuera algo a lo cual aferrarse.

En cambio, renunció a sus privilegios divinos; adoptó la humilde posición de un esclavo y nació como un ser humano. Cuando apareció en forma de hombre. (NTV)

La *kénosis* de Cristo —un misterio que no podemos explicar en detalle ni justificar— es la elección que hizo Jesús de «despojarse» a sí mismo de sus poderes y prerrogativas divinos para aceptar las limitaciones que implican la humanidad. Me doy cuenta de que se discute cuánto se despojó con exactitud, pero si crees que no «fingía» su humanidad (lo que aseveraron los cristianos ortodoxos durante dos mil años), entonces debes deshacerte de la imagen de «Einstein resolviendo problemas matemáticos de primer grado». Si Jesús simulaba ser un hombre, entonces su vida está tan alejada de la nuestra que realmente no puede ser un modelo a seguir. Errar es humano, perdonar es divino y todo eso. *Pero*, si Jesús eligiera una humanidad genuina y su poder proviniera del Padre, tal como debemos hacer nosotros, entonces *podemos* vivir como lo hizo él. Observa:

> Porque no tenemos un sumo sacerdote incapaz de compadecerse de nuestras debilidades, sino uno que ha sido tentado en todo de la misma manera que nosotros, aunque sin pecado. (HEBREOS 4:15)

> Aunque era Hijo, mediante el sufrimiento aprendió a obedecer. (HEBREOS 5:8)

> Ciertamente les aseguro que el hijo no puede hacer nada por su propia cuenta, sino solamente lo que ve que su padre hace. (JUAN 5:19)

> Yo no he hablado por mi propia cuenta; el Padre que me envió me ordenó qué decir y cómo decirlo. (JUAN 12:49)

Pablo menciona distintas clases de glorias: la gloria del sol en comparación con la gloria de la luna. También hay diferentes tipos de humildad. Tú tienes la humildad de prescindir de un cargo —así como el rey se quita la corona para convertirse en un indigente en la calle—. Pero el mayor grado de humildad es dejar de lado el *poder* —el Hijo de Dios deja de lado su gloria para convertirse en un ser humano—. Es la humildad de la dependencia superior. Jesús lloró, oró, *aprendió a obedecer*. Por eso debemos aprender a hacer lo mismo. En un momento regresaremos a las consecuencias para nuestras vidas. Por ahora, lo que presenciamos cuando Jesús «discipula» a sus discípulos es algo así como el emperador cuando baja a la arena para enfrentar a los leones con nosotros y nos muestra cómo hacerlo sólo con las herramientas que tenemos a mano. Asombroso. Y tan prometedor.

Luego llega la habitación superior, el trapo y el cuenco y los pies sucios de doce hombres confundidos. ¡¿*Qué* quieres que hagamos?! Pedro cree que ya lo comprendió y le pide a Jesús que lo bañe. Como nosotros también somos como los discípulos, nos apoderamos de esta metáfora y la convertimos en un sacramento —todo el tiempo nos quedamos en ayunas—. Es posible someterse a la tradición y lavar unos pocos pies en la iglesia, pero luego dar la vuelta y llevar una vida completamente egocéntrica, sin que el ritual conmueva excepto porque da asco y se planea evitarlo la próxima vez.

Su silencio ante Pilatos es apabullante. El pequeño tirano cínico se atreve a preguntarle a Jesús: «¿Y qué es la verdad?» (Juan 18:38). Jesús ni siquiera se molesta en contestar. Simplemente mira fijo a Pilatos y deja que él dé el paso siguiente. Ya sabes cómo continúa la historia, aunque Jesús dice que él podría invocar a más de sesenta mil ángeles para que lo protejan, los deja que lo maten y los perdona antes de que lo hagan. Debido a su extraordinaria humildad, nadie parece comprender por completo quién es. Pero la naturaleza sí sabe y no puede tolerarlo —la tierra se sacude y el sol oculta su faz—. No es sino hasta después de la resurrección que toda la realidad se hace evidente para el género humano. Si es que ya caímos en la cuenta.

Y luego está la humildad enternecedora de conservar eternamente las cicatrices de esas heridas. Las verás pronto, podrás tocarlas como Tomás. Jesús las lleva con orgullo ahora.

Y al manifestarse como hombre, se humilló a sí mismo y se hizo obediente hasta la muerte, ¡y muerte de cruz! Por eso Dios lo exaltó hasta lo sumo y le otorgó el nombre que está sobre todo nombre, para que ante el nombre de Jesús se doble toda rodilla en el cielo y en la tierra y debajo de la tierra, y toda lengua confiese que Jesucristo es el Señor, para gloria de Dios Padre. (FILIPENSES 2:8-11)

Creo que tres años con esta clase de generosidad y paciencia humildes es bastante Admirable. Pero Jesús continuó así por dos mil años. Durante ese tiempo, nos enseñó, nos incluyó en la misión, compartió la gloria, fue alegre, honesto y nos ayudó. No es de sorprenderse que, al llegar al cielo para aceptar el trono, se elevara el grito: «¡Digno! ¡Digno! ¡Digno! ¡Proclámenlo rey!».

Este hombre es tan digno.

CAPÍTULO ONCE

AUTENTICIDAD

Cada época tiene sus problemas en lo que a conocer a Jesús se refiere. Uno de los nuestros es el siguiente: al haber perdido toda la esperanza en los nobles, heroicos e incluso en el bien constante, nos llamamos a celebrar a los neuróticos. De verdad. Los héroes de nuestras novelas y películas son antihéroes, personajes desolados que son víctima de las adicciones y dudan de sí mismos. De hecho, la duda —enmascarada como humildad— se ha convertido en una condición esencial para la aceptación en nuestros tiempos. Las personas que tienen fuertes convicciones y hacen afirmaciones audaces son sospechosas. Les tememos. Podría tratarse de un terrorista o de un cristiano.

En parte esto es totalmente comprensible, es la inevitable reacción violenta al exceso de periodismo de investigación en un entorno donde no faltan audiencias. Cuando se vive en un mundo convulsionado por el escándalo y la exposición varias veces al día, uno se vuelve cínico. ¿Quién es esta vez: algún político, una multinacional, la iglesia? Saca un número. Llegamos al punto en el que *sospechamos* de corrupción o, por lo menos, de que toda historia está contaminada.

Culpable hasta que se compruebe inocente. Es el triunfo del pesimismo. El escepticismo se ha convertido en una virtud.

Esto ha moldeado en silencio la versión popular de que Jesús no es un hombre tan heroico como altruista, no es un guerrero que opera detrás de las líneas enemigas sino un simple hombre humilde que trata de hacer el bien en un mundo dañino. Un hombre estancado en su propio Getsemaní. Si él tiene dudas y está vacilante, nos sentimos mejor con nosotros mismos. Sí, sí, Jesús tuvo su noche oscura del alma. Se trató de ese momento desgarrador en la cruz donde gritó a un Padre que parecía haberlo abandonado. Pero amigos, esto abarca menos de veinticuatro horas en toda su vida. No vivió allí, ni siquiera permanece allí. Fue un abismo que atravesó. Por el que fue *capaz* de pasar debido a algo mucho más profundo en él.

Cuando Jesús regresa montando un caballo blanco con los brazos a los costados para terminar con esta era horrorosa y marcar el comienzo de la siguiente, se lo llama por un nombre que no escuchamos en los Evangelios. Ese nombre es Fiel y Verdadero: «Luego vi el cielo abierto, y apareció un caballo blanco. Su jinete se llama Fiel y Verdadero» (Apocalipsis 19:11). En ese momento de la historia, es como merece que se lo llame y también es lo que el mundo necesita para sentirse seguro. Fiel y verdadero. Cualidades tan poco comunes en este carnaval de máscaras que deberán ocuparse de analizarlas para apreciarlas.

Comencemos con una comparación. Se trata de dos experiencias, una pertenece a la vida privada y la otra es bastante pública.

Hace unos pocos años, mi familia viajó a Europa. Nos hospedó una pareja adinerada a la que se conoce por su hospitalidad. En cuanto pusimos un pie en la puerta, supe que estarían a la altura de su reputación; todos eran tan *afectuosos* en la casa. El beso en ambas mejillas, el lugar de honor en la mesa, el brindis en nuestro nombre. No dejaba de preguntarme: *¿Por qué no somos un poco más así, tan amigables y atrayentes con los desconocidos?* Su bondad era casi embriagadora. Mientras nos alejábamos en el auto, uno de mis hijos dijo: «Fue horrible».

Fue un comentario irritante. Sentí que era injusto. Pero también fue algo así como la campanada que rompe el hechizo en un cuento de hadas.

«Continúa», le dije.

«Bueno, sí, todos fueron súper amigables. Pero no les interesaba conocerme a mí. Nadie hizo ninguna pregunta significativa. Se trató de una falsa intimidad», explicó.

Y por cierto que lo fue, aunque la verdad era muy difícil de reconocer cuando se estaba inmerso en la situación. En especial porque su reputación —varios amigos habían cenado en su casa— era intachable. Después nos dimos cuenta de que ése era precisamente el punto. Lo importante era la *imagen* de afecto e intimidad. Este tipo de experiencias pueden ser enloquecedoras, porque se *siente* tanta gentileza pero, a la vez, se *siente* que es incorrecto cuestionar. Ajá, ahora nos estamos aproximando. Se siente que es incorrecto cuestionar. Con esto se comienza a develar el motivo subyacente.

Como Jesús bien sabe, un beso no siempre es lo que parece ser.

Poco tiempo después, participé de una conferencia donde asistieron unas diez mil personas. La lista de oradores incluía una cantidad de líderes cristianos «de primera clase». El primero era un hombre que podía describirse como «a la vanguardia» de lo acontecía hoy en la iglesia. Era joven, talentoso y estaba muy actualizado. Pasó la mayor parte del tiempo que se le asignó contando dos historias que no tenían relación entre sí. La primera se trató de un relato divertido y dramático de cómo ayudó a conseguir algo de comida a una mujer sin hogar. La anécdota parecía un poco fuera de contexto porque su sermón no trataba el tema de las personas sin techo. Pero *fue* una historia muy actual. Su segundo relato lo fue aun más. Giró alrededor de un fragmento descabellado de un viaje al exterior en el que terminó en medio del circuito internacional de la Fórmula Uno. Fue realmente impresionante, aunque no guardó ninguna relación ni con la primera historia ni con su tema.

Sin embargo, el efecto general —lo que podría denominarse la «influencia gravitatoria» de los ejemplos— fue pensar que el cristianismo puede ser muy moderno. Sin mencionar (es el momento de ese gesto de desaprobación) que este tipo era sumamente moderno también.

Ahora, no lo estoy juzgando. Intento ponerle nombre a algo profundo en la naturaleza humana. Algo que conozco demasiado bien en mí. Porque conozco el interior de este mundo —no sólo el interior de la *cultura* de las conferencias cristianas (a veces una religiosa Las Vegas), sino también el interior de los *corazones* de los oradores cristianos (un mundo incluso más contradictorio que el de Las Vegas)—. Porque yo soy uno.

Piensa en el deseo natural de ser amado y admirado que tienen los seres humanos, cuán profundo habita en ti. Prácticamente es un abismo de dolor. Recuerda qué extraño resulta que el amor y la admiración se acerquen a algún alma en este mundo envidioso. Ahora, a esta pobreza súmale la percepción de que las personas muy talentosas en realidad tienen una *mayor* necesidad de afirmación que la mayoría (es cierto). Comienzas a sentir cuán embriagador resulta que miles de personas contengan el aliento a la espera de la siguiente palabra que debes decir.

Entonces incorpora otras dos tentaciones a esta experiencia de gran altura. Dadas las atrocidades que *suceden* en nombre de Jesucristo, entre los líderes cristianos es sumamente tentador dar la impresión de ser muy humildes, modernos y genuinos. Y, al mismo tiempo, es bastante agradable saber que tu público cree que estás a la moda por haberles presentado a un Jesús tan moderno. La heroína y la pornografía son juegos de niños si se las compara con esto.

Jesús hiere en lo más vivo con una sola oración:

El que habla por cuenta propia busca su vanagloria; en cambio, el que busca glorificar al que lo envió es una persona íntegra y sin doblez. (Juan 7:18)

¡Ay!

Me pregunto cuánto de lo que sucede en la cristiandad podría pasar la prueba de la veracidad. ¿No hay nada falso? Algunos días te encontrarás en apuros al tratar de buscar algo verdadero. Aquí hay más hoyos que en el queso suizo.

Es un problema de *motivos*.

¿Por qué Nicodemo visitó a Jesús *por la noche*? Tenía miedo de lo que pudieran hacer sus pares si se enteraban. No estaba solo en esto; Juan dice que «muchos de ellos, incluso de entre los jefes, creyeron en él, pero no lo confesaban porque temían que los fariseos los expulsaran de la sinagoga» (12:42). Eligieron la seguridad laboral antes que a Jesús. Este temor es una fuerza muy poderosa. Después de que se cura la ceguera de su hijo —¡y qué agradecidos estarán una madre y un padre!— aun entonces, los padres del sujeto tiemblan frente a la élite:

> Pero los judíos no creían que el hombre hubiera sido ciego y que ahora viera, y hasta llamaron a sus padres y les preguntaron:
>
> —¿Es éste su hijo, el que dicen ustedes que nació ciego? ¿Cómo es que ahora puede ver?
>
> —Sabemos que éste es nuestro hijo —contestaron los padres—, y sabemos también que nació ciego. Lo que no sabemos es cómo ahora puede ver, ni quién le abrió los ojos. Pregúntenselo a él, que ya es mayor de edad y puede responder por sí mismo.
>
> Sus padres contestaron así por miedo a los judíos, pues ya éstos habían convenido que se expulsara de la sinagoga a todo el que reconociera que Jesús era el Cristo. (Juan 9:18-22)

El miedo del hombre. La presión de los pares. ¿Qué pensarán los demás? Esto puede resultar mortal. Observa de qué manera esto obliga a Herodes a ejecutar a Juan:

En el cumpleaños de Herodes, la hija de Herodías bailó delante de todos; y tanto le agradó a Herodes que le prometió bajo juramento darle cualquier cosa que pidiera. Instigada por su madre, le pidió: «Dame en una bandeja la cabeza de Juan el Bautista.»

El rey se entristeció, *pero a causa de sus juramentos y en atención a los invitados*, ordenó que se le concediera la petición, y mandó decapitar a Juan en la cárcel. (MATEO 14:6-10, se agregó la cursiva)

¡¿En atención a sus invitados?! ¡¿Hizo guillotinar a un inocente en atención a sus *invitados*?!

Estoy convencido de que hasta tanto contemos con una apreciación saludable de cuán arraigado en nosotros está esto, nos estamos engañando a nosotros mismos con respecto a los motivos.

Hice una lista rápida de cosas «que jamás me pillarían haciendo». Incluye: hacerme arreglar los pies, hacer que lean mis diarios personales desde el estrado de la Exposición Nacional de Presentadores Religiosos, cantar al estilo tirolés con un tutú en el programa de *Oprah*. El miedo va mucho más allá de la razón; es visceral, primario. Tú tienes tu lista y yo tengo la mía. Este temor es muy fuerte en la raza humana. Es algo ancestral, proveniente del Génesis 3:10: «Tuve miedo porque estoy desnudo. Por eso me escondí». El temor a la exposición. Es mucho más poderoso de lo que nos gusta reconocer; el origen de cada hoja de higuera y las tendencias de la moda. Es lo que otorga poder a la cultura. Ansiamos que nos elogien. Le tenemos pavor a la exposición.

Todos, desde los estudiantes secundarios hasta los directores ejecutivos se suben al carro «verde» en este momento. El verde está de moda; el verde es progresista; es la causa del día. En la actualidad, todas las corporaciones —produzcan café o autos— se venden a sí mismas como verdes. ¡Ja! Hace cinco años no lo hacían; ¿por qué de repente promocionan sus credenciales verdes? ¿Sinceramente crees que todo es por el humilde interés de crear un mundo mejor? De ser así, ¿por qué no lo hacen sin decirle nada a nadie? (¡¿No es lo que dijo Jesús en el Sermón de la Montaña?!).

Entonces, las motivaciones son esenciales y también suelen ser, digamos, cuestionables.

Con seguridad recuerdas la escuela secundaria. ¿Realmente usabas la ropa que querías y decías cualquier cosa que creías en esa época? ¡Santo cielo! No. Te habrían comido vivo. Es un estanque de tiburones, una manada de chacales; una muestra de debilidad y te devorarían los de tu propia especie. Nos vestíamos, hablábamos, reíamos, caminábamos y opinábamos de la manera en que lo hacíamos para «encajar». Nuestro grupo de elección puede haber sido el de los deportistas, los chicos de moda, el clan académico o los rebeldes. Sin importar los detalles, todos tuvimos una vida muy calculada.

Aún es así.

«Lo que los demás piensan de mí» es un motivador *demasiado* poderoso. Todavía nos condiciona más de lo que nos gustaría admitir. Condiciona nuestra teología, nuestra política y nuestros valores. Hoy pasé algo de tiempo con un joven que pertenece a la industria de la música; ¿por qué usé la palabra «amigo» más de lo habitual? Antes de eso, estuve conversando con una mujer del ministerio y nunca usé el término «amigo», aunque sí hablé bastante sobre «el Señor». Me siento un camaleón. Me «adapto» al follaje social que me rodea.

¿Alguno de nosotros es completamente auténtico durante un día entero sin importar en cuantos entornos diferentes nos movamos? ¿Incluso conoces a tu verdadero yo? ¿*Existe* tu verdadero yo? Ya sea que provenga del miedo, el anhelo, la incertidumbre, la astucia o la perversidad, moldearnos de acuerdo con el momento nos resulta tan natural que apenas advertimos cuánto lo hacemos. Ahora, incluye la promesa de la recompensa —riqueza, poder, éxito, la veneración de los demás— y vaya, oh, vaya, es difícil ser auténtico.

Amigo, ¿estás seguro de que eres consciente de que detrás de tu *personalidad* hay un *motivo*?

Sólo después de haber echado un vistazo sincero a tu interior y de observar aquello que realmente incita lo que haces, apreciarás cuán notable es ser auténtico. Y cuán aconsejable. Se nos enseña la historia del juicio en el desierto de Jesús para que entendamos que él fue puesto a prueba y se comprobó su autenticidad. Recuerda que Jesús no hacía trampa; se trató de una prueba genuina de su personalidad, tan profundamente terrible —ser seducido por el propio maléfico— que Jesús necesitó ángeles para que lo cuidaran después.

Solemos pensar que la integridad es la habilidad para resistir la tentación por decisión. Y eso es algo positivo; la autodisciplina es buena. Pero hay otro nivel de integridad, la clase en la que ni siquiera *deseas* la tentación que se te presenta. La bondad fluye de manera tan profunda y penetrante por tu carácter y tu ser que ni siquiera la deseas. Respetamos al hombre que es capaz de rechazar la tentación sexual. Pero cuánto más respetamos al hombre cuya alma es de tal manera que no desea a otra mujer que no sea aquella a quien ama y con quien está casado.

Regresemos a los motivos que nos hacen falsos —en la mayoría de los casos se debe al temor al ser humano—. Alguien acaba de enviarme un mensaje de texto; acuerdo un almuerzo para mañana. Pero la verdad es que preferiría no haberlo hecho. Sinceramente no tengo el tiempo suficiente. Entonces, ¿por qué dije que sí? Por miedo a la decepción; por temor a *ser considerado* decepcionante; por pavor a que la próxima vez, cuando sea yo quien pide un favor, esta persona me diga que no. Me estremezco al pensar cuánto hago por temor al hombre.

Mientras Jesús le hablaba a la multitud, se presentaron su madre y sus hermanos. Se quedaron afuera, y deseaban hablar con él. Alguien le dijo:

—Tu madre y tus hermanos están afuera y quieren hablar contigo.

—¿Quién es mi madre, y quiénes son mis hermanos? —replicó Jesús.

Señalando a sus discípulos, añadió:

—Aquí tienen a mi madre y a mis hermanos. Pues mi hermano, mi hermana y mi madre son los que hacen la voluntad de mi Padre que está en el cielo. (MATEO 12:46-50)

¡Caramba! La cultura judía debe de ser *la* más familio-céntrica del mundo. «Honra a tu padre y a tu madre» se inculca a los hijos e hijas judíos desde el nacimiento. Volviendo a la boda, todo lo que María debió hacer fue darse vuelta y decir: «Se quedaron sin vino» y Jesús hizo la excepción, por ella. Una madre judía y un buen muchacho judío. Aquí tenemos a Jesús enseñando dentro de una casa atestada de personas; la palabra comienza a circular entre la multitud: «Tu madre y tus hermanos están afuera» y todos entienden lo que hará a continuación; dejará lo que está haciendo y se acercará a ellos.

No lo hace. Los deja parados en la calle.

Ahora recuerda que estás observando amor. Éste es otro retrato del amor en acción. Cualquier otra cosa que veamos, vemos que Jesús no está en deuda ni siquiera con su familia. Tal vez tú estés libre en este aspecto (¿estás seguro de que no se trata de un mero acto de rebeldía?) pero, para el resto de nosotros, es absolutamente insólito. «Este año vienes para Navidad, por supuesto. Sabes cuánto significa para tu madre». «Pasaron dos semanas desde tu último llamado. ¿Está todo bien?». «Tu hermano necesita un lugar donde quedarse por unos pocos meses. Sabemos que harás lo correcto». ¿Cuántas de las cosas que hacemos están motivadas por el miedo al hombre? Piensa en esto, en estar completamente a salvo de la falsa culpa, de la presión, de la falsa lealtad. Sería excepcional.

Esto es lo que otorga a Jesús la habilidad para hacer esta clase de comentarios asombrosamente sinceros a las personas.

Es lo que le permite ser tan escandaloso.

Éste es el secreto de su habilidad para navegar los elogios y el desdén.

Ni el éxito ni la oposición tienen poder sobre él. Un día, la turba lo venera y al siguiente pide a gritos por su crucifixión. Se trata del mismo hombre —de la misma *personalidad*— durante toda la tempestad arremolinada. Jesús está a salvo del temor al hombre. Es algo más que integridad, aunque seguramente la abarca. Es consecuente con él mismo, con el Padre, con lo que más requiere el momento, con el amor. En este bosque de hojas de higuera, donde nunca estás seguro de llegar a la persona auténtica, no hay falsedades en Jesús.

Ésta sola característica me hace adorarlo.

A nadie le gusta que le mientan. Observa tu indignación cuando queda en evidencia la falsedad de algún líder de confianza. Piensa en la fuerte reacción que tienes cuando un amigo cercano te miente. Algunas relaciones nunca se recuperan. Ahora, una cosa es decir una mentira; pero *ser* una mentira es algo totalmente distinto. El hombre que tiene dos familias, que mantiene dos vidas separadas, no sólo miente con respecto a sus actos, sino que miente con respecto a su *ser*.

Tú eres el regalo más importante que tienes para dar. Cuando no eres completamente consecuente con esto, no eres auténtico. No obstante, todos nos hemos acostumbrado a decir a diario docenas de mentiritas piadosas sobre nosotros.

Excepto este hombre. Él es Fiel y Verdadero.

Después de haberlo considerado un poco, es probable que ahora estemos mejor preparados para comprender por qué Dios le respondió a Moisés de la manera en que lo hizo cuando habló desde la zarza ardiente. En medio del desconcertante encuentro, Moisés le pregunta «¿Quién *eres*?». Dios simplemente contesta: «Yo soy». En otras palabras, yo, yo mismo. Una respuesta sagrada y llena de integridad, irónica y desconcertante al mismo tiempo. Sin embargo, es la mejor respuesta posible que podría haber dado. Dios es absolutamente él mismo.

Me encanta la alegoría sobre este tema que hizo Lewis en su crónica de Narnia, *El caballo y el muchacho*. Shasta, el renuente héroe joven de la historia se encuentra —al final de un viaje horrible— perdido y solo en un bosque en el medio de una noche con niebla. Una figura misteriosa llegó junto a él y comenzó a explicarle el significado de su vida. El joven aún no sabe que se trata del gran León, Aslan.

—Yo no te llamaría desdichado —dijo la Voz Potente.

—¿No crees que fue mala suerte encontrarse con tantos leones? —preguntó Shasta.

—Era un solo león —repuso la Voz.

—¿Qué quieres decir, por todos los cielos? Te acabo de decir que hubo por lo menos dos la primera noche, y...

—Había solamente uno; pero de pies muy ligeros.

—¿Cómo lo sabes?

—Yo era el león.

Y como Shasta se quedó boquiabierto y no dijo nada, la Voz continuó.

—Yo era el león que te obligó a juntarte con Aravis. Yo era el gato que te consoló en medio de las casas de la muerte. Yo era el león que ahuyentó a los chacales mientras tú dormías. Yo era el león que dio a los caballos renovadas fuerzas sacadas del miedo para los últimos metros que faltaban, a fin de que tú pudieras alcanzar al Rey Lune a tiempo. Y yo era el león, que tú no recuerdas, que empujó el bote en que yacías, un niño próximo a morir, para que llegase a la playa donde estaba sentado un hombre, insomne a la medianoche, que debía recibirte.

—Entonces ¿fuiste tú el que hirió a Aravis?

—Fui yo.

—Pero ¿para qué?

—Niño —dijo la Voz—, te estoy relatando tu historia no la de ella. A nadie le cuento otra historia que no sea la propia.

—¿Quién eres tú? —preguntó Shasta.

—Yo mismo —dijo la Voz, en tono profundo y bajo que hizo estremecer la tierra; y repitió—: Yo mismo —fuerte y claro y con alegría; y luego por tercera vez—: Yo mismo —susurró tan suavemente que apenas podías escucharlo, y aún así el susurro parecía salir de todas partes a tu alrededor como si las hojas susurraran con él...

La bruma perdía su negrura y se volvía gris, y de gris pasó a blanco. Debió haber comenzado a suceder hacía rato, pero mientras él hablaba con la Cosa no se había dado cuenta de nada más. Ahora la blancura que lo rodeaba se transformó en una brillante blancura; sus ojos empezaron a parpadear. En alguna parte más adelante podía oír cantos de pájaros.

Comprendió que la noche moría por fin. Podía ver las crines y las orejas y la cabeza de su caballo con toda claridad. Una luz dorada, que venía de la izquierda, cayó sobre ellos. Pensó que era el sol. Se volvió a mirar y vio, paseándose a su lado, más alto que el caballo, a un León. El caballo parecía no temerle, o bien sería que no lo podía ver. Era del León que provenía la luz. Jamás nadie ha visto nada tan terrible o tan hermoso.[1]

«¿Quién *eres* tú?». «Yo mismo».

Jesús es simplemente él mismo. Alegre, astuto, generoso y firme —en ningún momento es artificioso—. Jesús nunca interpreta un papel ante el público, jamás rinde pleitesía a la oposición, nunca sigue el ejemplo del circo que lo rodea. Simplemente es él mismo.

Creo que esto nos ayudará con una de las experiencias desconcertantes que tuvimos al leer los Evangelios.

Es difícil mantenerse a la par de la diversidad de los actos, el sentido de la oportunidad, la actitud, las palabras, me atrevería a decir los estados de ánimo de Jesús; sus cambios repentinos de dirección y luego su calma. Por cierto que es pintoresco, pero casi desequilibrante, al igual que un mosaico bizantino, animado y cambiante como las luces del norte. Deslumbrante al punto de dejarnos casi confundidos. Tan pronto como nos aferramos a una dimensión de Jesús —su generosidad, su piedad, su sinceridad— parece poner todo patas para arriba, o ponernos a nosotros patas para arriba. Yo era el león que te obligó a juntarte con Aravis. Yo era el gato que te consoló en medio de las casas de la muerte. Yo era el león que ahuyentó a los chacales mientras tú dormías. Yo era el león que dio a los caballos renovadas fuerzas sacadas del miedo.

Es probable que las historias del evangelio resulten desequilibrantes sólo porque nunca hemos visto a nadie actuar de esa manera. En realidad tal vez estemos presenciando una única cualidad, no varias. Quizá Jesús simplemente sea él mismo.

«¿Quién *eres* tú?». «Yo mismo». Es esto lo que me hace amarlo más que a cualquier otra cosa.

Me pregunto si esta respuesta no aclara un poco uno de los más famosos e inescrutables momentos de la vida memorable y a veces malinterpretada de Jesús, esa parte de la caminata sobre el agua.

Cuando ya anochecía, sus discípulos bajaron al lago y subieron a una barca, y comenzaron a cruzar el lago en dirección a Capernaúm. Para entonces ya había oscurecido, y Jesús todavía no se les había unido. Por causa del fuerte viento que soplaba, el lago estaba picado. Habrían remado unos cinco o seis kilómetros cuando vieron que Jesús se acercaba a la barca, caminando sobre el agua, y se asustaron. Pero él les dijo: «No tengan miedo, que soy yo.» Así que se dispusieron a recibirlo a bordo, y en seguida la barca llegó a la orilla adonde se dirigían.

Al día siguiente, la multitud que se había quedado en el otro lado del lago se dio cuenta de que los discípulos se habían embarcado solos. Allí había estado una sola barca, y Jesús no había entrado en ella con sus discípulos. (JUAN 6:16-22)

En verdad, ¿qué es esto? La mayor parte del tiempo parece que Jesús se resiste a hacer milagros y, cuando los hace, suele insistir en que no se le cuente a nadie. Por cierto que no es un fanfarrón. Pero esto —Santo Dios— es tan *flagrante*. ¿De qué se trataba? Bueno, quédate con los hechos de la historia, siempre se los da por una razón. Hubo una única barca. Los discípulos la tomaron y cruzaron directamente el lago hasta llegar a la orilla opuesta —más de tres millas y medias (cinco kilómetros y medio), en línea recta—. Jesús se quedó para despedir a la multitud y luego orar en la montaña. En realidad se trata de la continuación de la escena de la muerte de Juan, cuando Jesús trató de aislarse para llorar. Pero la muchedumbre lo interceptó. Aunque estaba destrozado, los sanó, los alimentó, luego los envió de regreso y mandó a los discípulos con la única barca. Por fin logró quedarse solo.

Ya pasaron unas horas, es de noche, tarde y Jesús llega caminando sobre el agua.

Tal vez quiso demostrar el poder que ejerce sobre la naturaleza de una forma bastante inolvidable. Pero los discípulos acababan de recibir una dosis importante de esto. Ese mismo día alimentó a cinco mil con una fiambrera. Lo vieron apaciguar una tormenta en este mismo mar. Presenciaron el momento en que resucitó a un muerto. Vieron muchas de estas lecciones y llegaron más con la resurrección.

Por otra parte, sabemos esto: Él tenía la intención de cruzar. Recorrer la costa representaba aproximadamente veinticinco millas (cuarenta kilómetros). Le llevaría un día entero. Tal vez Jesús tomó el atajo cuando nadie estaba mirando. Después de todo, la distancia más corta entre dos puntos *es* una línea recta. No voló. Sólo… caminó y justo el lago estaba allí. Es probable que simplemente fuera él mismo.

CAPÍTULO DOCE

ADMIRABLE

Hay ciertas personas que querrías tener a tu lado si te citaran ante un juzgado.

Hay otras personas a quienes querrías llevar contigo a una fiesta. Posiblemente, puedas pensar en una o dos personas que querrías que te acompañaran si tuvieras que atravesar una zona fea de la ciudad. También están esas personas preciadas que te encantaría que fueran contigo de vacaciones. Si tienes suerte, conocerás unas pocas almas únicas con las que te sentirías cómodo si tuvieras que llamar a las 2 de la madrugada para compartir tu sufrimiento. Es posible que las personas a las que les confiarías una cirugía o el cuidado de tus hijos no sean las mismas en las que pensarías si jugaras al viejo juego de «¿A quién llevarías si has de quedar varado en una isla desierta?». Rara vez son las mismas personas, ¿verdad?

Todos conocemos mentes brillantes a las que les vendría bien un poco de humildad, personas humildes que deberían hacerse valer, personas motivadas que necesitan relajarse, bromistas que deberían madurar, y almas misericordiosas que deberían enojarse sin represiones cada tanto. Mi abogado debería tomar clases de baile, y el instructor de baile necesita un poco más de… cómo decirlo… Determinación.

Ahora, imagina que encontraras todo esto en una única persona: increíble ante un jurado, con un excelente gusto para el cine, siempre lista para unas vacaciones divertidísimas y también capaz de aceptar tus secretos más profundos y oscuros. ¿No te gustaría tener a esta persona como amiga?

Jesús es esta persona. Recuerda estas instantáneas; imagínalas, tómate tu tiempo y reproduce cada una de ellas en tu mente:

En la playa, cuando encuentra pescando a los muchachos.

En la limpieza del templo.

Cuando toca a un hombre con lepra, después de su famoso sermón.

Al enfurecer a los fariseos por sanar en el sabbat.

El mediodía en el pozo de los samaritanos.

Ante la tumba de Lázaro.

Cuando pierde a su primo.

Hacia el final de la recepción de Caná.

La cena con Marta.

Cuando aprendió a usar el martillo y el clavo.

En todo ese largo camino a pie.

Su propio juicio y tortura.

Finalmente, el camino de Emaús.

La vasta riqueza de este hombre es fascinante.

Cuando me convertí en cristiano hace más de treinta y dos años, el pequeño grupo eclesiástico al que asistía entonaba una canción que decía: «Admirable, Admirable, Jesús es Admirable». Yo cantaba con total entrega; tenía la sensación de que eso era cierto, pero en realidad no estaba muy seguro de a qué se refería. ¿Estaban diciendo que Jesús era apuesto?

Ahora sí lo entiendo.

Decir que Jesús es perfecto, tal como lo hacen los «defensores de su gloria», no es una expresión del todo adecuada. Una bola de acero inoxidable es perfecta; la zapatilla de cristal de Cenicienta era perfecta;

un *haiku* es perfecto. La palabra «perfecto» me hace pensar en una Barbie, en una urna griega, en una ecuación matemática. Las palabras son importantes; modelan nuestras percepciones. Al definir, también pueden distorsionar. Existe una manera mucho mejor de describir a este hombre cuyo rostro es el más humano de todos.

Jesús es admirable.

Su capacidad para vivir con todas las cualidades que vimos de una manera en la que ninguna predomine y eclipse así la riqueza de las demás —que es algo que a menudo sucede en nuestras personalidades. Vivir de tal manera que siempre haya una especie de elemento sorpresa y, aun así, sus actos demuestran ser exactamente lo que se necesitaba en el momento. Ah, su magnificencia irradia, pero nunca es enceguecedora ni avasalladora. Jesús no es de resplandeciente mármol blanco. Él representa el espíritu alegre de la creación, el escándalo y la máxima bondad, la generosidad del océano y la ferocidad de una tormenta eléctrica. Es astuto como una serpiente y sutil como un susurro; tiene la alegría del sol y la humildad de una caminata de 30 millas (casi 50 kilómetros) a pie por un camino de tierra. Es recostarse durante una comida, reír con amigos e ir a la cruz.

Eso es lo que queremos decir cuando afirmamos que Jesús es Admirable.

Pero, sobre todo, es la manera en la que ama. En todas estas historias, en todos sus encuentros, hemos observado el amor en acción. El amor es tan fuerte como la muerte; se trata de un amor de sangre, sudor y lágrimas, no de una tarjeta de salutación para un enfermo. Se aprende mucho sobre la verdadera naturaleza de una persona por la forma en la que ama, por la razón por la que ama y por el objeto de su amor.

Estando Jesús en Betania, en casa de Simón llamado el Leproso, se acercó una mujer con un frasco de alabastro lleno de un perfume muy caro, y lo derramó sobre la cabeza de

Jesús mientras él estaba sentado a la mesa. Al ver esto, los discípulos se indignaron. «¿Para qué este desperdicio? —dijeron—. Podía haberse vendido este perfume por mucho dinero para darlo a los pobres». Consciente de ello, Jesús les dijo: «¿Por qué molestan a esta mujer? Ella ha hecho una obra hermosa conmigo. A los pobres siempre los tendrán con ustedes, pero a mí no me van a tener siempre. Al derramar ella este perfume sobre mi cuerpo, lo hizo a fin de prepararme para la sepultura. Les aseguro que en cualquier parte del mundo donde se predique este evangelio, se contará también, en memoria de esta mujer, lo que ella hizo.» (MATEO 26:6-13)

Verdaderamente hizo una obra hermosa.

Pero para reconocer la belleza en los actos escandalosos hay que tener un corazón Admirable y amar como él ama. Esta es la razón por la que decimos que Jesús es Admirable; un Admirable forajido.

«Esto lo cambia todo». Un buen amigo estaba leyendo el manuscrito de a capítulos, a medida que se los pasaba. Al llegar a este punto, bajó el libro y dijo «Esto significa todo. Esto lo cambia todo».

Es cierto. Lo hará.

Pero solo si tú encuentras a Jesús por ti mismo.

Todo esto no es más que entretenimiento, a menos que nos abra la puerta para que experimentemos a Jesús. Lo mejor que podemos hacer ahora es hacer una pausa, antes de saturarnos con más información sobre Jesús, y comenzar a descubrirlo por nosotros mismos. Experiméntalo en persona *de estas formas.*

«Ven a ver», como Felipe le dijo a Natanael (Juan 1:46). Ven a verlo por ti mismo.

CAPÍTULO TRECE

AMAR A JESÚS

Amigos: este no es simplemente un retrato más agradable de Jesús. Este no es meramente un Jesús más encantador o un conjunto de nuevas reflexiones superficiales. Esto no es confeti, encantador mientras cae pero que luego hay que limpiar en seguida.

Jesús es nuestra *vida.*

Necesitamos a Jesús del mismo modo en que necesitamos oxígeno; como necesitamos el agua; como los sarmientos necesitan a la vid. Jesús no es un mero objeto de devoción; es la esencia faltante de nuestra existencia. Ya sea que lo sepamos o no, estamos desesperados por encontrar a Jesús.

¿Qué sucedería su pudiéramos tener a Jesús tal como lo tuvieron Pedro y Juan, o como lo tuvieron María y Lázaro?

Al comienzo de este libro, dije que tener a Jesús, tenerlo realmente, es tener el mayor tesoro de todos los mundos. Tener su vida, su alegría, su amor y su presencia no puede compararse con nada. Conocerlo, tal como es, es como llegar a casa. Nuestra mayor necesidad, y nuestra mayor alegría, es conocer verdaderamente a Jesús. El propósito de que estemos aquí, en este planeta, en este momento, se reduce a tres cosas:

1. Amar a Jesús con todas nuestras fuerzas. Este es el primer mandamiento y el más importante. Todo lo demás surge de esto.

2. Compartir nuestra vida diaria con él; dejarlo que sea tal como es con nosotros: en la playa, durante la comida, en el camino —tal como hicieron los discípulos.

3. Permitir que su vida llene la nuestra, que se exprese a través de nuestra vida y la sane. No hay otra manera en la que podamos vivir como él vivió y mostrarlo a los demás.

Ama a Jesús. Deja que sea tal como es contigo. Permite que su vida penetre la tuya. El fruto de esto será formidable.

Ahora te daré la mejor noticia que jamás puedas recibir. Ah, cómo me gustaría que este libro tuviera una banda de sonido; ahora, la orquesta haría un redoble de tambores y luego quedaría en completo silencio mientras lees las siguientes palabras: lo lograrás.

Lo amarás.

Debes tener a este Jesús, más de lo que tienes cada nuevo día, más de lo que tienes cada respiración. Por todos los cielos, él *es* tu próximo día, tu próxima respiración. *Debes* compartir tu vida con él, no apenas un momento cada tanto en la iglesia; no una visita ocasional. *Debes* vivir su vida. El propósito de su vida, su muerte y su resurrección fue redimirte del pecado, salvarte de las garras del mal, devolverte a Dios; todo esto *para* que su personalidad y su vida pudieran sanar y llenar tu personalidad, tu humanidad y tu vida. Esta es la razón por la que vino.

Todo lo demás es religión.

Lamentablemente, para demasiadas personas, el Cristo que conocen es demasiado religioso para amarlo, muy distante como para experimentarlo, y demasiado rígido para ser una fuente de vida. Esto explica la terrible pobreza de la Iglesia. Pero, ten en cuenta una cosa: Jesús no ha cambiado en absoluto. Sigue siendo el de siempre; sigue actuando del mismo modo. Las Escrituras nos aseguran que Jesús es el mismo ayer, hoy y para siempre (Hebreos 13:8). Así se presentó; así es él. Dios es mejor de lo que pensamos; mucho mejor de lo que tememos. Mejor aun de lo que nos atrevemos a creer.

CONVIERTE AL AMOR POR JESÚS EN UN HÁBITO

Entonces, lo mejor que puedes hacer a esta altura es simplemente comenzar a amar a Jesús.

Tan solo ámalo.

Esto abrirá tu corazón y tu alma a experimentarlo, a recibir su vida. Simplemente, comienza a convertir el amor por Jesús en un hábito. Cuando estoy conduciendo, simplemente le digo «te amo». No lo hago una sola vez, como si fuera un estornudo, sino que lo repito una y otra vez: «te amo, te amo, te amo». Esto dirige todo mi ser hacia él con amor. Cuando me levanto y el sol entra a raudales por la ventana, digo «te amo». Miro una fotografía de algún recuerdo preciado o de un lugar hermoso y digo: «te amo». Una brisa acaricia mi rostro suavemente y miro hacia dentro y digo: «te amo». Cada vez que algo me hace reír, cuando veo una ardilla listada, una ola o cuando disfruto una película: te amo, te amo, te amo.

Busca algunas canciones de adoración que te alegren el corazón. Disfrútalas sin prisa, escúchalas una y otra vez y simplemente dile a Jesús que lo amas. Cárgalas en el iPod, escúchalas en el automóvil. Cuanto más repitas esta práctica, más enriquecedora será.

Cuando huelas el café en la mañana, di «Jesús, te amo». Hazlo cuando algo te haga sonreír o cuando estés frente a un enorme plato de fideos. Hazlo cuando leas en un libro un pasaje conmovedor o que dé respuesta a una pregunta. Cuando tomes un baño caliente o veas jugar a tus hijos. Cuando pases junto a una florería; cuando alguien tenga un gesto de amabilidad. Después de que una lluvia deja brillando las luces de la ciudad. Cuando escuches una pieza musical que te encante. En todas estas ocasiones, di «Jesús, te amo, te amo, te amo».

No tiene por qué ser complicado.

A Francisco de Asís lo llamaban «el segundo Cristo» porque su vida estuvo completamente dedicada a expresar la vida de Jesús. ¿Qué podemos aprender de este hombre devoto como ningún otro? «San Francisco, al igual que no quería a la humanidad, sino a los hombres, tampoco amaba a la cristiandad, sino a Cristo», escribió Chesterton. Guau. Deja que esto cale en ti. Francisco no se enamoró de la Iglesia; se enamoró de *Jesús*. «Su religión no era como una teoría o algo similar, sino como una historia de amor».[1]

Pero, ¿quién lo recuerda por esa razón? Si alguien lo conoce en la actualidad, es solo como la estatua de jardín del fraile rodeado de aves y conejos. La niebla religiosa lo convirtió en una caricatura, al igual que sucedió con Jesús. Esto nos lleva de regreso a algo fundamental en lo que respecta al amor por Jesús: para convertir tu fe en algo más parecido a una historia de amor, es necesario que rompas con lo religioso. Si quieres a Jesús, tendrás que terminar tu relación con las apariencias religiosas.

Para comenzar, y para ayudarte a hacer una práctica simple de amor a Jesús, encontrarás inmensamente útil liberarte de la falsa reverencia.

Era la hora de cenar [...] Jesús sabía que el Padre le había dado autoridad sobre todas las cosas y que había venido de Dios y regresaría a Dios. Así que se levantó de la mesa, se quitó el manto, se ató una toalla a la cintura y echó agua en un recipiente. Luego comenzó a lavarles los pies a los discípulos y a secárselos con la toalla que tenía en la cintura. Cuando se acercó a Simón Pedro, este le dijo: «Señor, ¿tú me vas a lavar los pies a mí?». Jesús contestó: «Ahora no entiendes lo que hago, pero algún día lo entenderás». «¡No! —protestó Pedro—. ¡Jamás me lavarás los pies!». «Si no te lavo —respondió Jesús—, no vas a pertenecerme.» (JUAN 13:2-8, NTV)

Esta es una historia maravillosa. Pedro mira a Jesús a la cara y le

dice «¡No!». Seguramente te encantará su convicción; muy reverente. Solo que es la aplicación incorrecta de la reverencia. Pedro
intenta evitar que Jesús le lave los pies; actúa con buenas intenciones,
sobre la base de un respeto sincero por su Maestro. Descubrimos
algo importante sobre Jesús cuando no permite que Pedro trace esa
línea. Le lava los pies de todas maneras. Jesús es *tan* iconoclasta. Una
y otra vez, destroza la imagen de vitral que tenemos de él.

Pero este punto, la reverencia a Dios, es escurridizo, ya que deja
lugar al gran amasijo que se interpone entre Dios y nosotros porque
parece lo correcto.

Por ejemplo, muchos católicos encuentran en María una figura
más cercana, porque Jesús ha sido elevado tan alto en los cielos que
pareciera que lo perdimos. Se convirtió en alguien demasiado
sagrado como para que le hablemos y, para ser honestos, en alguien
un poco severo. De manera que le rezan a María para que interceda
en su nombre ante Jesús. Pero cuando el hombre con lepra se acercó
corriendo hacia él, Jesús no insistió en que hubiera un mediador.
Nunca lo hizo. Esta batalla contra la falsa reverencia no es una cosa
«católica». La oración matutina en el Libro de oración común angli-
cano/episcopal comienza con «Omnipotente y eterno Dios», un
expresión hermosa que yo mismo he utilizado en numerosas ocasiones. Pero *muy* diferente de la que nos dio Jesús: Abba. Papá.

«Papá, vengo a ti esta mañana» suena *completamente* distinto que
«omnipotente y eterno Dios». Aun si no comienzas de esta manera, si
te diriges a Dios con una formalidad de saco y corbata que nunca
habrías querido entre tú y tu padre acabarás por acartonar la relación.
«Papá» es la palabra que nos dio Jesús. «Y ustedes no recibieron un
espíritu que de nuevo los esclavice al miedo, sino el Espíritu que los
adopta como hijos y les permite clamar: *"¡Abba! ¡Padre!"* […] Ustedes ya son hijos. Dios ha enviado a nuestros corazones el Espíritu de
su Hijo, que clama: *"¡Abba! ¡Padre!"*» (Romanos 8:15; Gálatas 4:6).

En muchos círculos protestantes, a Jesús se lo llama «el buen

Señor», frase que suena piadosa, pero almibarada: muy dulce, empalagosa, pero sin personalidad. Muy de túnica blanca y sandalias. Jesús nunca usó ese término, al igual que ninguno de sus discípulos. ¿Qué sucedería con tu matrimonio si solo llamaras a tu esposa «la buena mujer»? Damas, ¿qué sucedería con su relación si su esposo insistiese en que únicamente lo llamen «buen señor»? ¿Cómo cambiaría la dinámica de tu relación con tu mejor amigo si te exigiera que ya no lo llames por su nombre de pila, sino más formalmente, por ejemplo «Sr. Smith» o «Sra. Jones»?

Esta es la manera en que el ingenio religioso nos separa de Jesús.

Cuando Saulo encuentra al Señor resucitado y ascendido en el camino a Damasco, le pregunta: «¿Quién *eres*?». «Yo soy Jesús, a quien tú persigues» (Hechos 9:5). Me llamo Jesús. Una respuesta bastante directa —no Sr. Cristo. Somos nosotros los que seguimos agregando expresiones respetuosas y chapadas en oro como «el buen Señor», «el Salvador», «el Glorioso» y nos sentimos bien de ofrecer una reverencia sin darnos cuenta de que es palabrería religiosa —que no es precisamente la clase de cosa que más le gustaba a Jesús.

Soy consciente de que estoy desafiando cosas que las personas consideran sagradas. La cuestión no son las palabras, sino el *fruto*; el *efecto*. El vocabulario de vitral refleja una forma de ver a Jesús; *modela nuestras propias percepciones de él* y, por lo tanto, la forma en que lo experimentamos. Cualquiera sea el término que uses, simplemente pregúntate: *¿Expresa su verdadera personalidad? ¿Capta su carácter divertido, que enfureció a los fariseos; su humanidad, generosidad y libertad escandalosa? ¿Suena como el Jesús de Caná, el de la cena con los «pecadores», el de la playa con los muchachos?*

¿O conjura una imagen más «religiosa» de Jesús?

Los escritores originales de la Biblia no usaron las palabras «Os» y «Vuestro», ni siquiera usaron una *E* mayúscula para referirse a «él». Fuimos nosotros quienes agregamos estas marcas después, como acto de reverencia, al igual que la tinta roja para resaltar las palabras de Jesús. Pero el *efecto* que tiene esto es crear una falsa impresión, una piedad distante. Estas maneras de hablar sobre Jesús *perpetúan* ideas distorsionadas sobre su personalidad y lo mantienen a la distancia; el polo opuesto a la intimidad a la que dedicó toda su vida. Todo esto hace que sea difícil amarlo.

Puedo sentir cómo se eriza la piel de la nuca del espíritu religioso. Cuidado, amigo, no permitas que la falsa piedad altere tu humor. Todo esto en realidad se interpone en nuestra manera de amar a Jesús. Oye: puedes honrarlo, respetarlo e insistir en que otros lo hagan, y nunca *amar* a Jesús realmente. Esto no es lo que él quiso.

La falsa reverencia es un velo refinado de la niebla religiosa que ocultará tu corazón del suyo.

Ya que hablamos de velos, en el momento en que Jesús murió en la cruz, «La cortina del santuario del templo se rasgó en dos, de arriba abajo» (Marcos 15:38). Este es un acontecimiento enormemente simbólico y sorprendente. Esa cortina estaba allí para separar el resto del templo del sitio denominado «el lugar santísimo». La presencia de Dios moraba en esa cámara prohibida, mientras que los fieles quedaban afuera. Un mensaje *muy* claro: Dios era demasiado sagrado como para que nos acercáramos a él. Los judíos ni siquiera se animaban a pronunciar su nombre.

Pero nosotros lo hacemos y lo llamamos por su nombre de pila, porque Jesús lo cambió todo.

En la cruz, pagó por nuestros pecados, nos limpió, nos sacó del calabozo del mal y nos devolvió a su Abba. Jesús estableció una manera completamente nueva de relacionarnos con Dios. Con frecuencia, se recostaba cuando comía con otras personas, se detenía en el camino a conversar, abrazaba y tocaba a las personas. Las llamaba por su nombre, y ellas a él. Jesús siempre reduce la distancia. Los encuentros del Evangelio son *íntimos.* ¡Válgame!, toda la encarnación es algo íntimo. Emanuel: Dios *con* nosotros. ¿Por qué creemos que debemos ayudar a Jesús a corregir ese error y lo alejamos con palabras reverentes y un tono sublime? Entiendo que, en su mayor parte, hombres y mujeres que desean honrar a Cristo hacen esto con buenas intenciones; igual que Pedro. Pero la ironía aquí es que esta no es la manera en que *Dios* eligió relacionarse con nosotros.

Cuando Jesús murió, la más sagrada de las cortinas se rasgó en dos, de arriba abajo, y ¿quién fue el responsable de esto? Definitivamente no fueron los sacerdotes; fue el propio Dios. Tomó ese velo y lo rasgó en dos.

Entonces, ¿por qué insistimos en coserlo?

Mucho de lo que pasa por adoración, sacramento e instrucción en los círculos cristianos en realidad son clases de costura que tienen que ver con volver a colgar ese velo. Se hace con el mismo espíritu según el cual «Dios es demasiado sagrado como para que nos acerquemos a él». Lo leí en incontables fuentes, de la pluma de teólogos populares. Lo escuché muchas veces desde el púlpito. No debemos tener una relación demasiado familiar con Dios. No te atrevas a acercarte.

¿Quién lo dice?

Están intentando recrear el lugar santísimo en nombre de la reverencia, solo que fue Dios quien rompió la cortina en dos para siempre con sus propias manos. Claramente, eso se acabó. Comprender esta verdad te dará nuevas formas de relacionarte con Jesús y permitirá que tu corazón lo ame.

Piensa en la mujer cuyas lágrimas bañaron los pies de Jesús, que los secó con su cabello y los besó. Jesús amó ese momento. Juan se recostó en su pecho durante la Última Cena. Jesús tocó al leproso y al ciego, sostuvo niños en su regazo. Intimidad, en todos los casos. ¿Recuerdas la parábola que contó sobre el hijo pródigo? Dice así: «Todavía estaba lejos cuando su padre lo vio y se compadeció de él; salió corriendo a su encuentro, lo abrazó y lo besó» (Lucas 15:20). Jesús nos explica de qué forma quiere relacionarse Dios con nosotros. Al usar la frase «lo abrazó y lo besó», quiso decir que lo abrazó y lo besó.

¿Se parece esto a lo que dicen los himnos que cantas o las oraciones que dices en tu iglesia, a la manera en que se refieren a Dios en ella? Espero que sí.

De hecho, Pedro aprendió la lección. Una o dos semanas después del episodio del lavado de pies, después de la cruz y la tumba vacía, Jesús aparece en la costa, justo frente al sitio donde están pescando los muchachos. Se comporta como un muchacho que salió a caminar, les pregunta si tuvieron suerte, sugiere que prueben en un lugar más y reproduce la pesca que los atrajo a todos al comienzo. Observa cómo respondió Pedro esta vez:

«"¡Es el Señor!" —dijo a Pedro el discípulo a quien Jesús amaba. Tan pronto como Simón Pedro le oyó decir: "Es el Señor", se puso la ropa, pues estaba semidesnudo, y se tiró al agua» (JUAN 21:7)

Pedro está a unas ciento diez yardas (cien metros) de la orilla, alrededor de una calle en una ciudad; un trecho largo para hacer nadando, sobre todo con una túnica larga hasta los pies. Sería como intentar nadar envuelto en una sábana. Pero a Pedro no le importa. No espera el bote, se olvida de los peces y, en menos de lo que canta un gallo, salta al agua, nada, se agota, llega jadeando y dando tropiezos a la costa para llegar cuanto antes adonde está Jesús. ¿Te parece que en ese momento trazó otra línea en la arena? «Hola, señor, Sr. Cristo, ¿puedo acercarme?». Pedro es un muchacho apasionado, emocional, impulsivo. Acaba de nadar ciento diez yardas en su bata de baño. Te apuesto lo que quieras a que corrió hasta Jesús, empapado como la ropa recién sacada de la lavadora, y lo abrazó, empapando también al Señor resucitado.

Si Pedro no hizo esto, entonces el que lo hizo fue Jesús y añadió sus lágrimas de alegría al húmedo abrazo.

Admirable. Así se debe hacer, amigos. Simplemente, convierte al amor por Jesús en un hábito. Relaciónate con él tal como ves que lo hicieron sus amigos en los Evangelios.

PRIMERO LO PRIMERO

Ahora, déjame agregar una última palabra que te ayudará a amar a Jesús: hacer cosas *por* Dios no es lo mismo que amar a Dios.

Jesús ama a los pobres, por lo que han surgido movimientos en los que el servicio a los pobres es lo más importante. Aun así, Jesús nunca dijo que ser pobre era más noble o espiritual. La última tendencia es la justicia, de manera que corremos a los confines del mundo a luchar por la justicia y dejamos a Jesús atrás. De hecho, llegamos a creer que servir en nombre de Jesús *es* ser amigos de él. Es como un amigo que lava tu automóvil y limpia tu casa, pero nunca va a ninguna parte contigo: nunca cena contigo, nunca quiere salir a caminar. Es un amigo «fiel», solo que nunca hablan.

¿Cuántos niños han dicho: «Mi papá trabajaba mucho para darnos lo que necesitábamos, pero todo lo que yo quería era su amor»?

Una vez más, esta es otra astuta táctica de los religiosos para evitar que tengamos con Jesús el tipo de intimidad que sanará nuestras vidas —y que cambiará el mundo. No se supone que simplemente amemos sus enseñanzas, sus moralejas, su amabilidad o sus reformas sociales. Se supone que amemos al hombre, que lo conozcamos íntimamente y que mantengamos esta como la principal práctica de nuestra vida. Es un hecho que las personas que más se dedican a trabajar por el Señor son las que menos tiempo pasan con él. Primero lo primero. Ama a Jesús.

Seis días antes de la Pascua llegó Jesús a Betania, donde vivía Lázaro, a quien Jesús había resucitado. Allí se dio una cena en honor de Jesús. Marta servía, y Lázaro era uno de los que estaban a la mesa con él. María tomó entonces como medio litro de nardo puro, que era un perfume muy caro, y lo derramó sobre los pies de Jesús, secándoselos luego con sus cabellos. Y la casa se llenó de la fragancia del perfume. Judas Iscariote, que era uno de sus discípulos y que más tarde lo traicionaría, objetó: «¿Por qué no se vendió este perfume, que vale muchísimo dinero, para dárselo a los pobres?» Dijo esto, no porque se interesara por los pobres sino porque era un ladrón y, como tenía a su cargo la bolsa del dinero, acostumbraba robarse lo que echaban en ella. «Déjala en paz», respondió Jesús. (JUAN 12:1-7)

Otra hermosa instantánea de su personalidad. Hay algo muy humilde y cortés en la capacidad de Jesús para recibir este gesto. Ha estado dando, dando y dando, ha dado aun mientras sufría y estando cansado, y ahora deja que alguien haga algo por él. Algo extravagante y amoroso. Esto revela la magnificencia de su personalidad; puede recibir este obsequio, valorarlo, sentirse agradecido por él. Está muy conmovido, y hace callar a Judas por reprenderla.

Esta historia se contó para *nuestro* beneficio, para ayudarnos a que lo amemos.

«Jesús, ¿aporto algo a tu corazón» Sí, lo haces. ¿Recuerdas Getsemaní? «Quédense conmigo, quiero que se queden conmigo». No permitas que los cuervos religiosos te hagan avergonzar de esto con sus graznidos de falsa reverencia y te hagan creer que esto disminuye la total suficiencia de Dios. Mira a Jesús. En el mismo momento en que Cristo más admite su divinidad (cuando permite que María lo adore), revela su deseo de intimidad con nosotros.

Esto es lo que eligió *Jesús*, así actuaba con sus amigos. Son los religiosos los que dicen que puedes ser el tipo de persona que el Jesús cristiano quería si *evitas* este tipo de intimidad.

De manera que yo hago una práctica de amor hacia Jesús. Lo amo por quien es realmente. El Jesús que nos dio los océanos y los ríos, que nos dio la risa. El que sirvió 908 botellas de vino en Caná. Este simple cambio transformó mi vida de maneras incomparables.

Pero esto es algo difícil de describir en tinta y papel. Tal como Felipe dijo a Natanael, ven a ver.

Si no has entregado tu vida a Jesucristo, este podría ser el momento ideal. Este es el momento que él eligió para ti. Es hora de que regreses a casa, al corazón de Dios. Esta oración te ayudará:

Jesús, te necesito. Necesito tu vida y tu amor. Creo que tú eres el Hijo de Dios. Creo que moriste en la cruz por mí: para rescatarme del pecado y de la muerte y para restaurar mi relación con el Padre. Ahora mismo, elijo rendir mi vida a ti. Me vuelvo de mi pecado y de mi autodeterminación y te doy a ti mi vida. Gracias por amarme y perdonarme. Ven y ocupa el lugar que te pertenece en mi corazón y en mi vida. Quiero que seas mi Salvador y mi Señor. Vive en mí y a través de mí. Soy tuyo.

CAPÍTULO CATORCE

DEJA QUE JESÚS SEA ÉL MISMO, CONTIGO

Cuando Jesús habló con Jolie, ella se sorprendió tanto como la mujer del pozo.

Su padre había sido un alcohólico abusivo. Cuando ella tenía doce años, le dijo que ya no la quería. «Le rogué que me amara, que por favor se quedara conmigo, pero me dijo que me marchara». Pasó por dos adopciones diferentes. Sufrió abuso sexual, y luego llegó un juicio en el que tuvo que testificar. A los diecinueve años, quedó embarazada siendo soltera. No hace falta que siga; se entiende el sufrimiento y el quebranto. Suficiente para hundir un barco. Esto no solo destrozó la imagen que tenía de sí misma; también destrozó su imagen de Jesús.

«Siempre pensé que Jesús había ido a la cruz por todas las personas buenas —escribió— y que las personas como yo nos salvamos porque aceptamos su ofrecimiento general y está obligado a cumplir su palabra». Su historia estuvo al borde de hacerme llorar —y enojar. Me estaba enojando enormemente, y sabía de dónde venía mi ira. «No creía que hubiera alguna manera en la que me habría elegido de haber tenido la opción. Siempre temía que Dios me descartara si pedía demasiado o si agitaba mucho las aguas con mi pecado».

Una mujer hermosa; un corazón hermoso con ansias de Dios que había estado preso de mentiras santificadas por ¿cuántos años? ¿Puedes ver la niebla religiosa detrás de sus palabras, la manera en que el enemigo distorsionó la forma en que veía a Jesús y a la cruz? Es siniestro pero muy convincente, porque esas ideas parecían exaltar a Jesús —y aplastarla a ella. Perverso, muy perverso. Pero muy común.

Jolie me escribió después de asistir a su primer encuentro celebrado por unas mujeres cristianas —algo que no le fue sencillo hacer, y es fácil entender por qué. Ansiaba experimentar a Jesús en ese retiro, pero no lo había sentido en absoluto. La noche del sábado, cuando anunciaron que dedicarían un tiempo prolongado a la adoración, se desilusionó. «Lo primero que pensé fue *esto va a ser muy aburrido*. Pero comencé a seguir las instrucciones: intenté pensar en mí, sentada a los pies de Jesús, adorándolo». Aquí es donde la historia se pone realmente buena.

«De pronto, comencé a ver imágenes. Estaba en pie, a los pies de la cruz».

Guau. A muchos de los que amamos a Jesús se nos llenan los ojos de lágrimas ante la mera representación de la crucifixión. Una simple cruz puede dejarnos de una pieza. ¿Puedes imaginar ver el suceso en vivo? Jesús llevó a Jolie allí en persona.

«Miró hacia abajo y dijo *esto es para ti*.»

Jolie simplemente intentaba comenzar una práctica de amor a Jesús. Esto le abrió el corazón a experimentarlo de una manera bastante impresionante. Él fue a ella en persona y la llevó en tiempo real al Gólgota. Le habló a su más profunda decepción, a sus heridas y temores más profundos. *Esto es para ti*. Me quedé sin palabras. ¿Alguna vez oíste algo más hermoso?

Pero su historia no termina allí. «La imagen cambió, y estaba de pie, afuera de la tumba. Jesús salió, extendió una mano y dijo "Ven conmigo". Sus ojos eran incitantes y mostraban deseo. Tomé su mano y caminamos juntos. Me tocó el rostro». ¿No te recuerda esto a la manera en que Jesús se comportaba con las mujeres que amaba —María de Betania, la samaritana divorciada y la mujer con el frasco de alabastro a quien Jesús defendió delante de la multitud de fariseos? Sus ojos eran incitantes y mostraban deseo.

«Me dijo que tenía un obsequio para mí. Sacó una mano que tenía detrás de la espalda, y allí estaba mi esposo, tomado de su mano. Los tres bailamos juntos. Llegamos a una montaña. A medida que comenzamos a ascender, había lugares por donde no lograba pasar y mi esposo me ayudaba, y otros por los que él no podía pasar y yo lo ayudaba. Finalmente, llegamos a un sitio por el que ninguno de los dos podía pasar, y nos ayudó Jesús. En la cima de la montaña, pululaban montones de personas. Miramos a Jesús, y simplemente nos dijo: "Preséntenme"».

Qué encuentro impresionante. Siento ganas de postrarme, siento deseos de correr con las manos en alto, gritando «¡Es el mismo! ¡Jesús es el mismo, ayer, hoy y siempre!»

Pero algunos corazones bondadosos se preguntarán: *¿Esto es algo bíblico? ¿Es real? ¿Cómo puede ser que nunca experimente a Jesús de esta manera?*

En realidad, la prueba de cualquier relato como el de Jolie es bastante simple: lo importante es si es coherente con las Escrituras, y cuál es el fruto. Terminó su carta así: «Jesús me mostró de manera muy clara que me había elegido y que fue a la cruz por mí. Me sentí completa y verdaderamente amada. Me mostró que mi esposo es un obsequio de Dios, que puedo confiar en su amor. Esta experiencia cambió mi vida por completo». Creo que no hay nada que agregar.

¿Qué sucedería si *pudiéramos* experimentar todo lo que vimos sobre Jesús en este libro? ¿Qué sucedería si tuviéramos todo eso *a nuestra disposición*? Si es así, ¿por qué las personas no hablan más al respecto? ¿Dónde están los encuentros con este admirable Jesús? Permíteme intentar responder esto con una parábola.

Un día, un hombre decidió encerrarse dentro de su casa.

Selló las puertas, las ventanas, incluso la chimenea. Solo dejó una abertura, la ventana de la cocina, la única alternativa para todo el que quisiera hablar con él. Afortunadamente, *había* personas que todavía querían hablar con él, de manera que lo visitaban mediante la ventana de la cocina.

Con los años, el hombre llegó a la conclusión de que el mundo era un sitio donde las personas solo podían hablar a través de las ventanas de las cocinas. Escribió un libro donde afirmaba que el discurso humano no tenía lugar —y no podía tenerlo— en otro lugar excepto las ventanas de las cocinas.

Al poco tiempo de su muerte, se fundó la Escuela de la Ventana de la Cocina.

La mayoría de las veces, nuestra experiencia de Jesús se ve limitada por los límites que *nosotros* le imponemos. Es una verdad dolorosa, pero también útil. Quizá podamos derribar algunas de estas barreras.

La mayor parte de los límites que le ponemos a Jesús los ponemos inconscientemente, si bien algunas veces lo hacemos de manera intencional. Por supuesto, nuestro contexto aporta muchísimo (por lo que la parábola podría comenzar así: «Un día, un hombre quedó encerrado en su casa por su pasado» o «por los líderes de su comunidad religiosa»). Pero no estoy intentando echar culpas aquí; estoy intentando ayudarnos a encontrar a Jesús. Como dije al comienzo del libro, si bien Jesús sufrió el vandalismo de la religión y del mundo, sigue vivo y sigue siendo el mismo de siempre. Sigue siendo el mismo admirable forajido, con la misma personalidad —si bien, en la actualidad, es necesario abrirse paso entre algunos escombros para conocerlo tal como es.

El primer paso para tener una experiencia más profunda de Jesús es saber qué debemos buscar. Esta es la razón por la que hemos estado observando su personalidad y lo hemos estado liberando del almíbar religioso. Si puedes utilizar esto como base, se te abrirá un mundo nuevo de posibilidades. Este es un Jesús al que puedes amar de verdad porque *así es él.*

El segundo paso implica eliminar algunos de los escombros que se fueron acumulando en el camino de manera de poder comenzar a experimentarlo y a compartir nuestras vidas con él. Por ejemplo: si, por alguna razón, crees que «Jesús no me habla a mí», será difícil para ti escucharlo hablar —o creer que *era él* quien te hablaba. Por el mismo motivo, si crees con el corazón que «en realidad, Jesús no me ama», como creía la pobre Jolie, entonces te será extremadamente difícil experimentar el amor de Jesús. ¿Entiendes lo que quiero decir?

Se trata de un descubrimiento asombroso: básicamente, encontrarás a Jesús en la medida en que esperes encontrarlo.

Esto no es así porque él *sea exactamente* como esperas que sea, sino porque tú lo reconocerás, e insististe en que solo actuara dentro de los límites que le has impuesto. Insististe en que te visitara a través de la ventana de la cocina. Jesús aceptará estas condiciones por un tiempo —tal como hace un padre amoroso con un adolescente— porque quiere relacionarse contigo. Soportará estos límites durante años. Esto explica por qué una religión experimenta a Cristo de una manera, y otra, de una manera distinta. También explica por qué ambas se están perdiendo gran parte de su personalidad: crearon reglas y le prohibieron actuar por fuera de ellas.

Pedro intentó hacer esto en la Última Cena cuando le prohibió a Jesús que le lavara los pies. Amigo, no querrás decirle a Jesús qué puede hacer y qué no. De manera que el mejor punto de partida y una de las oraciones más poderosas que puedes decir es:

Renuncio a todos los límites que alguna vez le impuse a Jesús. Renuncio a todos los límites que le puse en mi vida. Rompo con todas las limitaciones, renuncio a ellas y las revoco. Jesús: perdóname por ponerte límites en mi vida. Te doy total permiso para que seas tú mismo conmigo. Te pido que me des a ti, al verdadero tú.

Probablemente quieras decir esta oración más de una vez en el transcurso del tiempo.

Quizá el límite más devastador sea simplemente la idea de que «Jesús ya no se comporta así» (o «Jesús no se comporta así conmigo»); es cierto que en los Evangelios se lo ve asombroso, pero eso era entonces, y ahora las cosas son distintas —o algo por el estilo—. De un plumazo, esta creencia nos aísla de casi todo lo que podríamos esperar experimentar con Jesús. Simplemente da un portazo y nos deja a nosotros de un lado y a él del otro. Me pregunto si esto no está implícito en el famoso pasaje del libro del Apocalipsis en el que Jesús dice: «Mira que estoy a la puerta y llamo. Si alguno oye mi voz y abre la puerta, entraré, y cenaré con él, y él conmigo» (3:20).

Ten en cuenta que este episodio tiene lugar después de las historias del Evangelio, mucho tiempo después de la resurrección y la ascensión. Jesús nos pide intimidad. ¿Quién cerró la puerta y dejó a Cristo en pie en la calle? Claramente no fue Jesús. Él está afuera y nos pide que lo dejemos entrar.

Déjalo entrar, entonces.

Entra, Jesús. Te doy total acceso a todos los aspectos de mi vida.
Entra, Señor. Revélate a mí.

Comenzamos a abrir la puerta cuando renunciamos a la mentira de que Jesús no actúa con nosotros de la misma manera en que actuaba con las personas en los Evangelios.

Si tuviéramos un poco de perspectiva, veríamos cuán absurdo es sostener por un lado que los Evangelios son la última palabra en lo que respecta a Jesús y, por el otro, que él ya no se comporta de esa manera. Dios nos da a su Hijo y deja un registro eterno de esto en los cuatro Evangelios. Ese es Jesús. Pese a cualquier otra afirmación, doctrina o relato, ese es Jesucristo. Sin embargo, han hecho creer a muchos cristianos que, luego, Dios cambió las reglas. «Eso no está a tu disposición ahora». No puedes intentar acceder a él por medio de la fe como hizo la mujer con el problema de la sangre y ser sanado por su vida como ella. No puedes clamar por su ayuda y lograr que te libere de un espíritu vil. No puedes recostarte sobre su pecho en un gesto de intimidad.

Es psicótico.

También es una blasfemia. Él es el mismo, ayer, hoy y siempre.

Seamos francos. Lo que suele suceder —lo que sucedió en cada uno de los casos con los que me encontré— es más bien algo así: «*Yo* no experimento a Jesús de manera personal, por lo que, por regla general, no podemos experimentarlo personalmente», o «yo no experimento a Jesús de esa manera (su espíritu alegre, su generosidad, su libertad, su intimidad), de manera que ya no debe de hacer *esas cosas*». Como la Escuela de la Ventana de la Cocina.

Entonces, ¿qué hacemos con la historia de Jolie?

Estos líderes que enseñan que Jesús ya no se comporta como lo hacía en los Evangelios —cosa que «enseñan» con mayor convicción mediante su silencio, mediante nunca mostrarles a los demás cómo experimentar a Jesús de esa manera— se encuentran con un detalle embarazoso: Jesús se comporta de esa manera en todo el mundo, en la vida de millones de personas. De manera que los que se aferran a pensar que «Ya no se comporta de esa manera» tienen un verdadero problema entre manos. O bien aceptan la realidad y adaptan su teología a ella, o bien tienen que negar millones de experiencias.

Estas experiencias se conocen por su fruto. ¿Cuál es el fruto de un relato como el del encuentro de Jolie? Que las personas se acercan más a Dios. Que desarrollan fe en Cristo. Que tienen una experiencia más integral de su presencia. La alegría; el amor a Dios; la adoración. Pero el que descarta esta evidencia es un espíritu religioso bastante enraizado. Que Dios los ayude a romper con él.

Jesús sigue siendo el mismo. Sigue siendo fiel, sigue siendo Fiel y Verdadero, y puedes experimentarlo de estas formas, siempre y cuando rompas con los límites que le has impuesto —como este.

Honestamente, amigo, hemos sido un poco ingenuos. Creímos

que llegar a conocer a Dios sería algo fácil. No tuvimos en cuenta el hecho de que seguimos viviendo tras las líneas enemigas. Si conocer a Jesús es la cosa más importante que puede sucederle a una persona, ¿no es lógico que nuestro enemigo tenga un enorme interés en evitar que eso suceda? De manera que pondrá todos los obstáculos que pueda en el camino. He aquí algunas categorías más que te ayudarán a eliminar los escombros que pueda haber en el camino hacia un encuentro más profundo y más frecuente con Jesús:

NUESTRO PROPIO QUEBRANTO

En el comienzo del libro, pregunté: «¿Qué piensas de Jesús?» Esta es una manera muy reveladora de enfocar esta cuestión desde otro ángulo: ¿Qué crees que Jesús piensa de *ti*?

Descubrirás qué es lo que realmente crees sobre Jesús cuando admitas qué crees que piensa él de ti. Jolie creía que Jesús nunca, jamás, la elegiría. Que apenas si estaba perdonada, y que estaba en la compañía de los santos porque Dios debía hacerlo, no porque quisiera. Esta forma de ver a Jesús venía de su quebranto.

Tengo un amigo que tiene una pésima imagen de sí mismo. Podría decirse que mantiene su imagen de sí mismo en un rincón oscuro y hediondo del sótano. No le gusta pasar junto a un espejo. Detesta cuando le haces un cumplido y lo descarta de inmediato, como una prueba de que, en realidad, no lo conoces. Su niñez fue prácticamente tan desgarradora como la de Jolie, y el autodesprecio que surgió a partir de ese trauma se enraizó en lo más profundo de su ser. Dañó su relación con Dios en muchas, muchas maneras. El arrepentimiento se transforma en autocastigo. Cargar la cruz se convierte en odio a uno mismo. Cree que la vergüenza y el autodesprecio significan ser humilde. La oferta de intimidad con Jesús parece demasiado buena para ser cierta. «Dios nunca hablaría conmigo», suele decir.

Con el correr de los años, su idea de Dios se volvió severa. Como maestro dotado que es, comenzó a propagar su quebranto al convencer a otros de que Dios era iracundo, que estaba listo para juzgar y que, por lo general, lo impacientaban nuestros intentos de amarlo. Atormentado, propagó el tormento de su falta de comprensión. Desafortunadamente, esto es algo muy común. Personas como él pueden hacer que las iglesias se hagan grandes.

Escucha cómo ora alguien; eso te revelará lo que realmente piensa de Jesús. ¿Parece que estuviera cerca, o la oración lo hace parecer lejano, en alguna parte de los cielos? ¿Parece como si Jesús fuera alguien a quien molestamos con nuestros pedidos, alguien que tiene cosas más importantes que hacer? ¿Tiene sentido del humor, o siempre está serio? ¿Es formal y religioso, o del estilo «Buen día, Papá»? ¿Suena al menos como si lo conociera? De veras, escucha las oraciones de otros; y escucha las tuyas.

Nuestra interpretación de Jesús parte de nuestro quebranto. Es una verdad dolorosa, pero también esperanzadora. Quizá podamos abrir las puertas y ventanas que no sabíamos que habíamos cerrado.

Hasta donde tengo memoria, siempre tuve la sensación de que «nunca es suficiente». No importa «qué» en particular; puede ser un proyecto, una amistad, pintar la casa, ser padre. Tan solo, nunca es suficiente. Esto comenzó mucho antes de que conociera a Jesús. Es una de las presiones más importantes bajo las que me encontré durante toda mi vida. No importa qué haga, nunca siento que sea suficiente. Ahora bien, cuando me convertí en cristiano, esta creencia ya estaba profundamente enraizada en mi mente, y lo que sucedió fue que también se le prendió a Jesús. Nunca nada parece suficiente para él. No estoy haciendo lo suficiente, no lo amo lo suficiente, no... Ya te darás una idea.

Pero esto no tiene en absoluto nada que ver con quién es Jesús en realidad. Mi quebranto modela la forma en que lo experimento.

De hecho, esta es una buena noticia, amigo: una buena parte de las dificultades que tienes con Jesús consiste simplemente en tu propio quebranto. Se trata de una buena noticia porque permite que nos demos cuenta de que nuestras percepciones pueden estar equivocadas, de que Jesús no es de esta manera, sino que es nuestro quebranto la que lo muestra así. En segundo lugar, sanar nuestro quebranto es *exactamente* lo que Jesús vino a hacer. ¿Cómo trató con cada una de las personas imperfectas que acudieron a él?

La manera de comenzar a librarse de estos escombros, de eliminar estos límites que, sin darte cuenta, le pusiste a Jesús comienza por reconocer cuál es el problema. ¿En qué aspectos tienes dificultades con Jesús? ¿Cuál es tu lucha personal con él?

¿Te cuesta creer que te ama, o que te ama por lo que haces?

¿Sientes que todo el tiempo lo decepcionas?

¿Está enojado contigo? ¿Te ignora?

¿Jesús te parece un hombre duro que quiere que te esfuerces más?

¿Parece distante —es decir, amoroso, pero desconectado?

Puede resultarte útil ponerlo por escrito. ¿Qué crees que piensa Jesús de ti? Luego, lee lo que escribiste. ¿Te das cuenta de en dónde puede estar conectado eso con tu propio quebranto? ¿Todas las demás personas piensan eso sobre ti? ¿Qué piensas tú de ti mismo? Pídele al Espíritu Santo, el Espíritu de Verdad, que te muestre en qué maneras se relaciona esto con tu quebranto.

Luego, invita a Cristo. Invítalo a ese terrible embrollo. Ábrele la puerta, por todos los cielos. La encarnación debería ser prueba suficiente de que a Jesús no le molesta sumergirse en el estiércol de este mundo. No hay *nada* que puedas mostrarle que no haya visto antes. No se horrorizará. No se enojará. No se desilusionará. A Jesús *le encanta* venir; tan solo ábrele la puerta.

Dile a Jesús qué crees que piensa él de ti y pregúntale si es cierto. Pídele que libere tu corazón de las heridas del pasado de manera que puedas conocerlo y amarlo. Esto se convertirá en una enriquecedora parte de tu aprendizaje sobre cómo amar y experimentar a Jesús, de este viaje compartido de exploración y *liberación* de tu quebranto. Además, lo amarás aún más por esto. Tal como le pasó a Jolie.

Al igual que le sucedió a Pedro.

Rememora la historia de Jesús y la pesca de los muchachos, después de la resurrección. Recuerda: ¿qué hizo Pedro cuando juzgaban y torturaban a Jesús? Renunció a él. No lo hizo una sola vez, sino tres. Luego cantó el gallo, y Jesús, con el rostro hinchado, el labio superior abierto y sangrando, lo miró a los ojos. Pedro salió corriendo y echó a llorar. ¿Puedes imaginar cuán destrozado estaba por dentro?, ¿cuán avergonzado y lleno de autodesprecio, con la duda de si Jesús querría volver a verlo? Cuando los 153 peces grandes caen en las redes y Juan se da cuenta de que el hombre en la orilla es Jesús, Pedro se zambulle y nada como un perro labrador. Una vez en la playa, Jesús lo restaura.

No me sorprendería que Jesús haya arreglado todo ese momento maravilloso solo para Pedro.

PERDONAR A JESÚS

Ayer, por la mañana, estaba leyendo la Biblia y cayó una nota de ella. Era una tarjeta de 3 x 5 con un mensaje garabateado con desprolijidad. Un completo extraño me había dado esa nota al finalizar un taller que había dado hacía poco tiempo. El hombre desapareció, guardé la nota dentro de la Biblia y me olvidé de ella hasta ayer. Esto es lo que decía:

> Mientras oro por ti, creo que Jesús te dice: «Hermano, sé el dolor que sientes y estoy aquí para sacarte esa flecha del corazón. La traición fue dolorosa, pero la victoria será fantástica. Tengo manos para hacer todo de nuevo». Tuve una imagen de Jesús sosteniendo tu corazón mientras quitaba la flecha y sanaba la herida.

Los demás nos ven tal como somos, amigo. No tengo dudas de a qué «flecha» se refería, o a qué traición. No me había traicionado un amigo ni un enemigo. Me sentía traicionado por Dios.

En los últimos meses, atravesé una gran cantidad de sufrimiento personal. Mi padre está muriendo. Estuve con un dolor físico crónico, al igual que mi esposa. Uno de nuestros hijos atravesó una terrible prueba emocional, de esas que les rompen el corazón a los padres. Sutilmente, muy sutilmente, se abrió una herida hacia Dios del mismo modo en que el veneno se abre paso a través de una llaga: *¿Por qué permitiste que pasara esto?*

Tarde o temprano, todos, menos el ángel y el fariseo, pasamos por esto.

A medida que fuiste leyendo este libro sobre la personalidad de Jesús —sobre su generosidad, su espíritu alegre, sobre cuán maravilloso es con los demás— pequeñas dudas te susurraron al oído: *Sí, pero...* «Entonces, si es tan bueno, ¿cómo puede ser que...?» Termina la oración como quieras. Cómo puede ser que papá abusó de mí y de mi hermana; que mi madre sufriera tanto tiempo a causa del cáncer; que no haya detenido a esos terroristas. Las objeciones siguen, y no tienen por qué ser crisis graves. A veces, se trata simplemente del largo y lento envenenamiento de la decepción, la frustración, las esperanzas pospuestas. De esta manera, se produce una erosión lenta pero constante sobre aquello que creemos que es Dios. *Sí, pero...*

Si están todos esos «peros» allí, *serán* un gran obstáculo para nuestro amor a Jesús y para que lo experimentemos; y esto es mucho más común de lo que la mayoría de las personas creen.

Una amiga nos llamó para pedirnos una oración. Nos reunimos sin saber muy bien de qué se trataba todo eso, pero dispuestos a ayudar si podíamos. Nos dijo que ya no lo sentía a Jesús —ya no *quería* sentirlo—. Palabras sorprendentes viniendo de una mujer que en un momento tuvo una relación muy cercana con Jesús. Comenzó a hablar acerca del sufrimiento que ella y su familia habían atravesado —la bancarrota, la pérdida de todo lo que tenían, y luego las personas de la iglesia, que les decían que ellos eran los responsables de lo que les había pasado, debido a algún pecado sin confesar. (Esto no era así: sucedió durante la crisis económica de 2009. ¿Entiendes por qué detesto la niebla religiosa?)

Cuando abrió el dique de sufrimiento de su alma, pude sentir la amorosa e interesada presencia de Jesús en la habitación. Con toda la intención que se ve en él hacia la mujer del pozo, o el rico joven gobernante, pude sentir cómo se ponía en posición para rescatar este corazón. En lugar de reaccionar con aliento, opinión o consejo, simplemente oramos: «Jesús, ¿qué dices en respuesta a esto?». Escuché su amorosa voz con mucha claridad:

Crees que yo lo hice.

Era la misma voz amable y firme que ahora puedo ver que usa todo el tiempo en los Evangelios y que nunca antes había visto porque estaba mirando la televisión sin sonido. Le había quitado su personalidad a las historias. Volvió a decir:

Crees que yo lo hice.

Nuestra amiga estaba sin palabras. La parte de su corazón que correspondía a la «fiel chica de iglesia» no quería admitir lo que sentía realmente, pero el dolor sabe eliminar todo disimulo. «Sí, eso creo», dijo.

Tienes que perdonarme.

Eso sí la dejó de una pieza. ¿Perdonar a Dios? Esta idea dejará helados a algunos de los lectores. Tan solo, presta atención por un momento. Si tienes algo en tu corazón contra Jesús —la pérdida de un ser querido, un recuerdo doloroso del pasado o simplemente aquello en lo que se convirtió tu vida—, si culpas de eso a Jesús, eso se interpone entre tú y él. Si ese es el caso, ni ignorarlo ni ser fiel en otros aspectos de tu vida lo harán desaparecer. Para poder avanzar, tienes que perdonar a Jesús por lo que sea que lo culpes.

«Pero, Jesús no necesita nuestro perdón», protestarás. Yo no dije que lo necesite. Dije que *tú* tienes que perdonar a Jesús. Eres tú quien lo necesita.

Esto viene *antes* del entendimiento. Con frecuencia, no sabemos por qué las cosas sucedieron como sucedieron en nuestra vida. Lo que *sí* sabemos es que nos duele, y parte de ese dolor tiene que ver con Jesús porque, en el fondo del corazón, creemos que él dejó que sucediera. Una vez más, este no es momento de examinar matices teológicos, pero es el motivo por el que es *tan* importante que veas el mundo como Jesús lo vio: como una descarnada batalla contra el mal. Entender que tienes un enemigo que te detesta desde que eras un niño te ayudará a no echarle la culpa de estas cosas a Dios. De todos modos, la realidad es que estas cosas sucedieron, que nos duele que hayan sucedido, y que una parte de nosotros cree que Jesús podría haber echo algo al respecto *y no lo hizo*. Por eso tenemos que perdonarlo. Tenemos que hacerlo para que esa parte de nosotros vuelva a acercarse a él y recibir su amor.

Quizá una parte del fruto de esta restauración sea que Jesús pueda explicarnos entonces por qué las cosas sucedieron de esa manera. Al menos, esto es lo que suele pasar. Sin embargo, recibamos o no esta explicación, sabremos que necesitamos a Jesús más de lo que necesitamos entender, y entonces lo perdonaremos; es decir, dejamos la ofensa que sentimos hacia él.

A esta amiga le tomó un tiempo; es comprensible. Un silencio muy, muy largo. Lágrimas. Pero su amor por Jesús le permitió perdonarlo y, casi de inmediato, volvió a ser consciente de su presencia. Los correos electrónicos que recibí de ella en el año posterior a este episodio son hermosos. «Oye, no creerás lo que hizo Jesús. ¡Es genial!». Y muchas más historias como esta.

Restauración. Así es nuestro Jesús.

CAPÍTULO QUINCE

Despeja la Niebla Religiosa

A decir verdad, disfruto cuando mi esposa se enoja —no conmigo, por supuesto, aunque a veces esto también me hace reír. Stasi tiene un corazón tan bueno y un espíritu tan gentil que, cuando finalmente se irrita por algo, es porque es el momento indicado. Como cuando ahuyenta al matón del vecindario del grupo de niños más pequeños. ¡Por fin! Ve por ellos, mujer. Estas cosas revelan otro lado de ella —un lado feroz—, y su personalidad se enriquece antes que empequeñecerse. La forma en que alguien se enoja, y la *razón* por la que lo hace, es la verdadera clave sobre quién es esa persona en realidad.

¿No te llamaría la atención si una de esas películas de YouTube que se propagan como un virus fuera un videoclip de la madre Teresa despotricando furiosa, rompiendo cosas y gritándole a las personas? Te garantizo que lo verías y quedarías *fascinado* por su ira, que parecería fuera de lugar en ella.

Ahora bien, ¿qué hay de Jesús? ¿Qué es lo que verdaderamente saca de quicio a este hombre gentil, humilde y con inmensa paciencia?

Pues, la limpieza del templo es un ejemplo que se me viene a la memoria; es claramente uno de esos momentos donde la cólera de Jesús se desata como una avalancha. ¿A qué se debió eso? ¿Por qué se enfureció lo suficiente como para vaciar el edificio con el látigo que él mismo hizo en ese momento? Por las artimañas religiosas, por la corrupción religiosa que les dificultaba a las personas llegar a su Padre. Una barrera justificada, arraigada y *santificada*; el tipo de barrera más difícil de eliminar, justamente por esta última razón.

En realidad, existe solo un puñado de relatos en los que Jesús se enoja sin restricciones en los Evangelios, algo sorprendente si se considera la cantidad de provocaciones que recibió. De hecho, la palabra del griego para «enojado» se usa una sola vez aplicada a él. ¿Dónde se encontraba en ese momento?

En otra ocasión entró en la sinagoga, y había allí un hombre que tenía la mano paralizada. Algunos que buscaban un motivo para acusar a Jesús no le quitaban la vista de encima para ver si sanaba al enfermo en sábado. Entonces Jesús le dijo al hombre de la mano paralizada: «Ponte de pie frente a todos».

Luego dijo a los otros: «¿Qué está permitido en sábado: hacer el bien o hacer el mal, salvar una vida o matar?». Pero ellos permanecieron callados. Jesús se les quedó mirando, enojado y entristecido por la dureza de su corazón, y le dijo al hombre: «Extiende la mano». La extendió, y la mano le quedó restablecida. (MARCOS 3:1-5)

¿Entiendes por qué el enorme y admirable corazón de Jesús se enoja con estos matones clericales? Esta es la misma ferocidad que vemos en el templo. ¿Comprendes ahora la personalidad de Dios y la horrible naturaleza de la falsedad religiosa? Quizá sea más revelador preguntar: ¿*Compartes* su ira ante esta clase de cosas? Esto es lo que enfurece a Jesús, de manera que debería ser lo que nos enoje a nosotros. ¿Cuál fue el último sinsentido religioso que te hizo enojar?

¿O has implementado una distensión cordial?

Por si no lo sabías, este es el episodio que hizo que esos Stalines santificados se enojaran tanto como para decidir matar a Jesús. La razón: sanar a un hombre en la iglesia. A su entender, Jesús había infringido la ley. Pero, en realidad, el verdadero motivo era envidia: «los jefes de los sacerdotes habían entregado a Jesús por envidia [a Pilato]» (Marcos 15:10). Como dije a comienzos de este libro, si simplemente leyeras los Evangelios sin ningún tipo de parcialidad, no podrías llegar a otra conclusión que no fuera que la religión es el enemigo —o que está en las manos de este. Todos los encuentros hostiles que tiene Jesús son con personas muy «beatas». Este espíritu es *el* gran enemigo de nuestra vida con Dios, y *este* espíritu es sobre el que Jesús advirtió a sus muchachos cuando comentaban en el barco sobre el pan. «Tengan cuidado —les advirtió Jesús—; eviten la levadura de los fariseos y de los saduceos». Luego lo repite para asegurarse de que le hubieran prestado atención: «[tengan] cuidado de la levadura de fariseos y saduceos» (Mateo 16:6, 11).

Si quieres conocer a Jesús y amarlo y experimentarlo, debes prestar *muchísima atención* a esta advertencia. Amigo: esto no quiere decir simplemente que los fariseos son los chicos malos de la Biblia, como los villanos de un melodrama. No es esto lo que quiso decir Jesús. Si ubicas el peligro «allá lejos, en tiempos bíblicos», ya te encuentras bajo los efectos de la niebla religiosa.

La niebla religiosa utiliza palabras y actividades santificadas, cosas que parecen y suenan como salidas de la escuela dominical, para distorsionar nuestras percepciones de Dios y la manera en que lo experimentamos. Es astuta como una serpiente y adaptable como la gripe, e infiltra nuestras prácticas para convertirlas en algo falso. Mi madre asistió a una escuela católica, y eso la hizo alejarse de la iglesia y de Dios. El fruto de esto parece bastante claro. Un amigo fue seminarista, obtuvo un título en teología y perdió la fe. (La broma privada allí es llamar «cementerio» al seminario. ¿No te parece retorcido?) Una buena amiga asistió a estrictas clases sobre la Biblia cuando era niña; ahora odia ese libro.

Por sus frutos los conocerán.

Esta no es una diatriba. Mi intención es llegar al punto de cómo podemos amar y experimentar mejor a Jesús. Sin embargo, pasar esto de largo sería una injusticia contra ti, puesto que esta es la fuente de la mayor parte de los escombros que mantienen a las personas *alejadas* de Jesús. Si deseas conocerlo tal como es, experimentarlo con el mismo grado de intimidad que los discípulos, tendrás que abrirte paso entre la niebla religiosa.

Ahora bien, este es mi dilema: para dejar algo en claro, no hay nada mejor que un ejemplo jugoso. La cuestión es que dar nombres solo servirá para ofender a alguien y distraer la atención del punto central, que es el espíritu detrás de esta niebla. Es más, ese espíritu se esforzará por hacer confuso este capítulo. Por ello, es una buena idea hacer una pausa y orar lo que oramos cuando comenzamos esta aventura:

> *Jesús, muéstrame quién eres realmente. Oro por el verdadero tú. Quiero al verdadero tú. Te pido a ti. Espíritu de Dios, libérame de todas las maneras posibles para conocer a Jesús tal y como es. Ábreme los ojos para que pueda verlo. Líbrame de toda la mentira sobre Jesús y dame lo verdadero. Líbrame del espíritu de falsedad y de todo lo religioso.*

Entonces, ¿por dónde comenzar? Es como intentar encontrar un niño en busca de dulces la Noche de brujas. Suceden muchísimas cosas realmente disparatadas en nombre de Jesús. Sin embargo, lo que hace que lo religioso sea tan difícil de reconocer es que, en su mayoría, las personas atrapadas por ello son muy honestas. Es cierto que siempre hay embaucadores espirituales y animadores que mienten sin pestañear para obtener poder y sexo, pero, la mayor parte de las veces, son personas con buenas intenciones las que defienden y propagan la niebla religiosa.

Entonces, comencemos por aclarar este punto: está el cristianismo, y está la cultura cristiana; *no* son lo mismo. Las personas cultivan una inclinación hacia la música de órgano y las máquinas de humo del mismo modo en que lo hacen hacia la radio pública o NASCAR. Luego, insisten en que la música de órgano o las máquinas de humo *son* la forma de conocer a Jesús. De aquí en adelante, simplemente se vuelve raro: peinados abultados; tonos reverentes; gritos; túnicas; sombreros extraños; fragancias y campanas; altares dorados; servicios religiosos con coreografías milimétricas dignas de Broadway.

Hasta un lenguaje completo haciendo juego.

Dios es bueeeeeno, toooodo el tiempo. Me embriagué con el Espíritu. Alabado sea el Señor. Os y vuestros. Aleluyas. ¿Has recibido la bendición? Un tiempo devocional. Bañado en la sangre. Unción celestial. La gloriosa majestad del misterio eterno. Sumergido en la Palabra... Es demasiado doloroso continuar. La palabrería religiosa es un signo *inmediato* de infección religiosa. Pero, cuando la desafiamos, algunas personas se ponen muy a la defensiva.

Amar la *cultura* de la iglesia no tiene nada que ver con amar a *Jesús*. Los fariseos amaban su cultura religiosa —las oraciones largas, las vestiduras solemnes, el honor conferido a ellos por ser miembros del clero—, pero odiaban a Jesús.

De hecho, ¿cómo se refieren a Jesús los miembros de tu comunidad religiosa? ¿Cómo pronuncian su nombre? ¿Parece que se refirieran a alguien que conocen, tal como lo conocían Pedro y María? O es más bien algo como Hesús, El Buen Señor, El Buen Pastor, nuestro Eterno Salvador, el Cristo. No quiero decir con esto que solo nos tengamos que referir a él como «Jesús», pero presta especial atención a la manera en que se pronuncia su nombre. ¿Refleja su verdadera personalidad, o suena demasiado religioso?

Digo esto porque la palabrería religiosa es una de las prácticas preferidas del enemigo para alejar a las personas de Jesús.

Un chiflado que habla sobre Jesús causa más daño que cincuenta ateos.

Cuan engañoso resulta que las personas afirmen tener una relación íntima o poderosa con Jesús pero que vivan sus vidas de manera tan poco atractiva que eso acabe teniendo el efecto del mal aliento: todos se alejan, al menos, tres pasos. Seguramente tuviste esta experiencia, ¿verdad? «Predicadores dotados» que son mezquinos con sus hijos. «Profetas ungidos» que no pueden mantener una amistad normal. «Siervos del Señor» que necesitan ser el centro de la atención, contarte todo lo que su ministerio está haciendo en el mundo y obsequiarte con historias sorprendentes. Personas como las que llevan un autoadhesivo con la leyenda «Conviértete o arde en el infierno» en el automóvil.

Las personas estrafalarias posiblemente sean la herramienta más eficaz del enemigo para alejar a las personas de Jesús —o, al menos, de una experiencia más íntima de Jesús. La forma en la que hablan, la cultura que generan; pero, principalmente, lo que se siente al estar cerca de ellas. A medida que fui conociendo y amando a Jesús más profundamente, esa fue la principal barrera que debí superar. Algunas de las personas más «espirituales» que conocí, que operan mediante talentos muy poderosos, son personas a las que nunca querría llevar de vacaciones, a las que nunca llamaría a las 2 de la madrugada. Este es un problema, amigo. A las personas les *encantaba* estar con Jesús, simplemente compartir con él la vida cotidiana —recorrer con él un camino, compartir una comida, conversar en la playa. Si la espiritualidad no «encaja» en la vida normal, es una pose santificada.

Uy, ahora *sí* estoy entrando en ritmo para una diatriba.

Esta es la prueba: si no puedes tomar la cultura *y* el lenguaje de tu iglesia y emplearlos en un bar o en un autobús y lograr que resulten atractivos para las personas que se encuentren allí, entonces no provienen de Jesús. Esto es exactamente lo que él haría; esto es lo que lo convirtió en alguien auténtico.

Ahora bien, intentar presentar una lista de extravagancias religiosas requeriría unos treinta y seis tomos, o más. Además, esto es como la gripe: los juicios por brujería de ayer son la capilla del mañana.

Creo que será más útil nombrar algunos puntos de prueba rápidos que puedas utilizar en la práctica.

CUANDO OPERA LO RELIGIOSO...

La falsa reverencia reemplaza el amor a Jesús

De hecho, amar a Jesús se considera optativo. Sí, lo sé, parece difícil de creer, pero en realidad es bastante común. Francamente, no nos encontramos con muchas personas entregadas a amar a Jesús, pero sí conocemos personas que llevan vidas ordenadas, asisten a la iglesia con mucha fe y se consideran «buenos cristianos». ¡Dios me libre! En la mayoría de los círculos cristianos, fumar o decir palabrotas despertaría mayor preocupación que ignorar a Dios. ¿Puedes ver cuál es el problema aquí? No están cumpliendo el primer mandamiento y el más importante de todos: *amar* a Jesús. Es como si pensáramos que se puede ser cristiano sin que sea necesario *amar* a Dios —amarlo sería como algo optativo que da puntos adicionales.

Pregunta: ¿Es al amor a Jesús a lo que más tiempo se le dedica en el púlpito, lo que ocupa la mayor parte de las conversaciones casuales allí? ¿Están enamoradas de Jesús la mayoría de las personas? Estas son preguntas bastante claras.

Saber sobre Dios sustituye a conocer a Dios

En estos casos, se exaltan las enseñanzas. La iglesia parece un congreso —ya sea intelectual o de motivación. Lo importante son los buenos contenidos. Se defiende la doctrina con uñas y dientes. Los miembros pueden explicarte las teorías de la expiación o los siete pasos para lograr el éxito, pero no pueden mencionar un solo encuentro íntimo que hayan tenido con Jesús. Jamás lo escucharon hablarles. He conocido directores de departamentos de educación cristiana, capellanes y miembros del cuerpo docente de seminarios que *admiten* no conocer a Jesús personalmente. Puedes hablar del sol y vivir bajo tierra, puedes ir al mar y nunca sumergirte. Las personas que imparten gran parte de las enseñanzas categóricas sobre Jesús francamente no lo conocen muy bien.

Pregunta: ¿Son amigos cercanos de Jesús tus líderes religiosos? ¿Son personas que realmente conocen y experimentan a Jesús y te ayudan a experimentarlo y conocerlo?

Las demostraciones de poder se confunden con intimidad con Jesús

Puede ser difícil demostrar la religiosidad de esto, porque, al menos, incluye milagros. Eso es lo importante, ¿verdad? Pues, es mucho mejor que sentarse en un banco de iglesia a acumular telarañas durante cuarenta años y nunca presenciar el poder de Dios. Sin embargo, yo puedo darle a alguien mil dólares, y eso no lo convierte en mi amigo. Esta persona puede volver a mí una y otra vez en busca de más, y eso tampoco la hace amiga mía. Jesús sanó a diez leprosos, y solo uno regresó a agradecerle.

Pregunta: ¿Las personas esperan expectantes el próximo milagro, o lo esperan a Jesús? No es lo mismo.

La actividad religiosa se confunde con compromiso con Cristo

Para acercarnos a Dios, es necesario tener algún tipo de función en la iglesia. Las actividades de la iglesia se consideran más importantes que cualquier otra clase de actividad. Se sospecha de aquellos que no participan con frecuencia en las reuniones religiosas, y cuestionar la centralidad de las funciones eclesiásticas inmediatamente coloca al disputador fuera del grupo de los fieles. Los líderes religiosos se ponen *muy* a la defensiva en lo que toca a la iglesia —pero el simple hecho de insinuarlo se toma como malicioso.

Pregunta: ¿En qué se diferencia esto de los testigos de Jehová o de los mormones? Ellos van a la iglesia.

El servicio cristiano sustituye la amistad con Jesús

Esto es algo especialmente popular en nuestra era de justicia social. Luchar por una causa se convierte en *la* expresión de devoción hacia Jesús. Tomamos a nuestros mejores santos, a los más brillantes, y los sometemos a una servidumbre irrenunciable. Cristianos agotados que trabajan por una causa noble pero que no mencionan tener encuentros personales a diario con Jesús. Con el tiempo, el trabajo propiamente dicho sustituye a Jesús, y buscarlo parece más difícil que hacer más cosas por él. Marta, Marta. Amar a Jesús es lo primero, y de aquí manará cualquier trabajo que él tenga para nosotros. Sin esto, cualquier trabajo que aceptemos será imposible de cumplir.

Pregunta: ¿Quién es el héroe, a quién se halaga? ¿A quién se presenta como modelo de verdadero compromiso cristiano en tu mundo? ¿«Él es Jeff; realmente conoce a Jesús», o «Él es Jeff; trabaja con los pobres en India»?

La santidad de Dios se enseña mediante convertirlo en algo inaprensible o inalcanzable

Se habla de Dios como si fuera un misterio tan elevado y lejano que no hay manera en que trabemos amistad con él. Las palabras pueden ser intelectuales y filosóficas, pueden ser disertaciones ultraespirituales de los cielos, pueden tratar sobre «la noche oscura del alma» y cosas por el estilo. ¿Alguna vez oíste a Jesús hablar de esa manera? Por supuesto que hay misterios relacionados con Dios, pero Jesús vino para que *conozcamos* a Dios. Él quiere que lo conozcamos, y millones lo conocemos. Hablar de él en esos términos de lejanía y de imposibilidad de conocerle genera una densa niebla que vela el camino de los que *sí* desean conocerlo no es útil, es dañino.

Pregunta: ¿El efecto de esto opaca la humanidad de Jesús? ¿Dios se percibe tan cerca y tan claro como se presentó en la encarnación?

La santidad se sustituye con la observancia de reglas

No fumamos ni bebemos y sabemos comportarnos. Los fariseos eran expertos en esto. Cuidar los modales reemplaza la santidad interna —algo que Jesús estaba especialmente interesado en revertir. Todo esto tiene como resultado una rectitud técnica. Permíteme ilustrarlo: estás en un estacionamiento a las dos de la madrugada. No hay ningún otro automóvil ni ningún ser humano a varias calles a la redonda. ¿Puedes pasar por alto la señal de «Pare» entre los espacios para estacionar? Por supuesto que sí. El propósito de esa señal es proteger la vida y la propiedad, y en este caso todo está protegido, por lo que has cumplido con el propósito de la ley. ¿La distinción entre letra y espíritu es clara en el ámbito de tu iglesia?

Pregunta: ¿Se explica y *alienta* la escandalosa libertad de Jesús? ¿Qué haría tu grupo con las 908 botellas de Caná?, ¿y con este libro?

Prevalece la moral trivial

Una vez asistí a una iglesia en la que no se permitía pronunciar la palabra *infierno* (si bien se la menciona en la Biblia). En cambio, debíamos decir «invierno con *efe*». Esto hace que la santidad parezca una tontería. Jesús llamaba a esto colar el mosquito y tragarse el camello. Esta semana escuché una anécdota sobre un comité de búsqueda pastoral que estaba entrevistando a los candidatos más firmes. A un candidato cualificado le preguntaron «¿Bebe?» «Pues, bebo un vaso de vino cada tanto con las comidas». Uno de los miembros del consejo caminó hacia él, lo empujó en el pecho con la Biblia y le dijo: «Hijo, será mejor que leas esto». Es posible que este miembro del consejo sea un peligro dominante y controlador y que lo toleren durante años porque, sin lugar a dudas, puede dirigir una reunión, pero si lo atrapan fumando en el estacionamiento, el lunes lo despiden. Amigos: el orgullo y la arrogancia son problemas mucho más graves que las palabrotas; la idolatría y la falta de fe son mucho más mortales que fumar o beber. Este grupo tiene el cuidado de limpiar el exterior del vaso y el plato, pero dentro llevan una casa embrujada. La moralidad trivial se queda solo con la belleza severa de la santidad y la convierte en algo ridículo.

Pregunta: ¿Qué debería hacer una persona para que la echen de tu iglesia, tu escuela cristiana o tu ministerio? ¿Son esas cosas las que le preocupaban a Jesús?

El sistema opera sobre la base del miedo

Lo que rige este mundo es «lo que las buenas personas podrían pensar». Los miembros no cumplen las reglas por obedecer a Dios, sino porque temen los chismorreos que podrían propagarse sobre ellos si no lo hicieran. Si formas parte de este sistema, pregúntate: «*¿Siento que tengo libertad para ser diferente, para desafiar este sistema, para cuestionar?*». Gran parte de este ardiente entusiasmo cultural está motivado por el miedo. Lo religioso se ha apoderado del sistema.

Pregunta: ¿Las personas allí se comportan como Jesús; es decir, se enfrentarían a un fariseo como si fuera una criatura del infierno; dejarían de observar el Sabbat para sanar a alguien; llevarían 900 botellas de vino a una boda? Si la respuesta es negativa, ¿por qué no?

Se honra la falsa humildad

Al igual que a otras poses espirituales. Una mujer me dijo que, cuando hace su oración matinal, asume la postura de: «¿Quién soy yo, una pecadora, para venir a ti, santo Dios?» (dijo esto con las manos sobre la cabeza, como si quisiera protegerse de una merecida ira). Suena muy santo, pero es repugnante. No se ve ni una pizca de esto en aquellos que *sabían* que eran lo más bajo: la mujer que unge a

Jesús, el leproso o Pedro, después de haber renunciado tres veces a él. En cambio, ellos corren hacia Jesús. La falsa humildad es religiosa.

Pregunta: ¿Qué clase de humildad se pone como ejemplo en tu círculo?

La distancia es segura

Quiero decir una cosa más sobre la falsa reverencia: tiene una *función* que sería bueno reconocer. Por una parte, nuestra alma clama por Jesús. Ansiamos —muchas veces sin saber qué es lo que ansiamos— su vida en nosotros, su amor, su cercanía. En el nivel consciente, deseamos profundamente que nos reconforte, queremos su consejo, su amistad, incluso una simple palabra de reafirmación.

Por otra parte, mantenemos una sana distancia. Él es tan genuino que estar cerca de él es incómodo porque revela, de manera general, todo aquello que no es genuino en nosotros. A veces, incluso lo revela de manera específica. Pero no sucede de golpe; él es demasiado amable como para hacer algo así. No siempre sucede con total claridad. Simplemente, estamos incómodos en su presencia, del mismo modo en que imagino que me sentiría si estuviera frente a un gorila macho adulto o como se sentiría un gato en presencia de un perro muy grande. Entonces, damos un paso atrás.

Esta es la razón por la que aceptamos la falsa reverencia. Es como mantener una relación con alguien que vive en otro estado: no participa en tu vida tanto como un cónyuge o un buen amigo. La distancia implica seguridad. Nos protegemos de experimentar por completo la presencia de Jesús porque nos pone muy nerviosos. No hay manera de fingir en presencia de Jesús; no hay forma en que podamos aferrarnos a nuestros ídolos y a nuestras intenciones ocultas. Percibimos esto de manera intuitiva; por eso mantenemos la distancia *sin que se note* que mantenemos la distancia mediante la falsa reverencia. Es poco probable que «el Buen Señor» se aparezca en tu fiesta de Año Nuevo.

Entonces, experimentar más a Jesús en nuestra vida depende en gran medida de a qué estamos *abiertos* a experimentar, qué nos dijeron que podemos experimentar *y* con qué estamos cómodos. ¿Estás dispuesto a permitir que Jesús sea tal como es contigo?

Ahora bien, creo que la mayoría de los cristianos coincidirían con lo que acabo de decir aquí, pero es impresionante cuán perniciosa puede ser la religión. Logra abrirse paso, incluso en las operaciones más bienintencionadas, como dinero falso que arruina la economía. (Un comentario: si quieres entender la historia de la Iglesia, necesitas entender simplemente el poder y la intensidad del espíritu religioso.) Algunos se liberarán mediante el simple hecho de reconocer esto; otros necesitarán orar con mucho ahínco para librarse de la niebla religiosa. A los que dirigen iglesias y ministerios les convendría orar regularmente para evitar que esa niebla se infiltre en sus esfuerzos.

Ahora bien, he aquí un trago amargo. En el Evangelio según San Mateo, Jesús tiene treinta y cuatro encuentros íntimos con individuos —«íntimo» en el sentido de que se los menciona específicamente; relatos de personas que reciben una palabra de Jesús o que Jesús toca de algún modo, o bien relatos de personas de quienes Jesús recibe una palabra o que lo tocan de algún modo. De estos treinta y cuatro encuentros, solo uno tiene lugar en la iglesia. En el Evangelio según San Marcos, se registran veintiséis encuentros de esta clase, de los cuales solo dos suceden en la iglesia.

Es más, ninguna de las historias «famosas» sobre Jesús —su nacimiento, su bautismo, su padecimiento en el desierto, el llamado a los discípulos, la transformación del agua en vino, la resucitación de los muertos, la trasfiguración, cuando camina sobre el agua, cuando alimenta a cinco mil personas, el Sermón de la Montaña, cuando calma la tormenta, la Última Cena, la oscura noche de Getsemaní, la crucifixión y la resurrección— transcurre en una iglesia. Ni una. Esto no es una coincidencia. Jesús se acercó a las personas más religiosas de la Tierra y gran parte de lo que debió hacer para acercarlas a Dios fue librarlas de la religión.

Algunos de mis lectores deben estar indignándose al leer esto —a los que más batallan con todo esto, les pregunto: ¿no te consideras una persona religiosa? Déjame ser claro: mis afirmaciones no son anticlericales. No soy una persona «anticlerical». Creo que necesitamos la adoración, necesitamos los sacramentos, la instrucción, la comunidad y el servicio. Yo asisto a la iglesia, y te recomiendo que tú también lo hagas. Sin embargo, es necesario que nos remitamos a los hechos: uno de los aspectos más asombrosos de las historias que cuentan los Evangelios sobre Jesús es que son muy pero *muy* pocos los sucesos relatados en ellas que tienen lugar en un ámbito religioso. El punto aquí es que, si buscabas tener un encuentro íntimo con Jesús, lo más probable es que lo tuvieras fuera de la iglesia.

Esto sigue siendo así en la actualidad.

Por todos los cielos. La semana tiene 168 horas. ¿Realmente estás dispuesto a afirmar que esa hora o esas dos horas que pasas en la iglesia le importan más a Dios que las más de 160 horas restantes? Esto es muy del espíritu religioso. Debemos vivir la vida espiritual en la vida diaria. En este sentido, Jesús fue un hombre muy espiritual —pero *nunca* un hombre religioso.

> Esto es lo que sigue resultando difícil de creer. Resulta difícil creer que esta maravillosa obra de salvación tenga lugar en el presente en nuestros vecindarios, en nuestras familias, en nuestros gobiernos, en nuestras escuelas y empresas, en nuestros hospitales, en las carreteras por las que conducimos y los pasillos que caminamos, entre las personas cuyos nombres conocemos. La normalidad de Jesús fue un enorme obstáculo en lo que respecta a creer en su identidad y su trabajo durante los «días de su vida mortal». Aun hoy sigue siendo un obstáculo.[1]

Debemos esperar a Jesús en todo momento, en todo lugar.

Sin embargo, cuando la iglesia nos introduce la idea de una verdadera experiencia de Jesús —o de una experiencia del verdadero

Jesús—, entonces sí, estoy *muy* en contra de esa clase de iglesia y de todos los hombres y mujeres que conocí que pasaron *décadas* en la iglesia y siguen sin conocer a Dios. Si tus seres queridos se enfermaran de cáncer y alguien les recomendara que asistieran con mucha fe a un centro de recuperación pero, al cabo de diez años, no muestran signos de mejoría, ¿no te molestarías? ¿No dirías, al menos, que es hora de buscar otra clínica?

Las campanas alegres suenan, todos se arrodillan;
Ante la multitud, aparece el hombre de Dios.
Con voz de miel y ojos de acero
Repite y repite tu humilde evangelio a los orgullosos.
Nadie lo escucha. Tus palabras son menos que el viento que sopla
Para todos nosotros a quienes quisiste salvar con tu muerte.
Ah, príncipe de la paz. Ah, rosa de Sarón.
Qué silencio guardas en tu tumba sellada.
La piedra que el ángel empujó entre lágrimas
Vuelve a cubrirte la boca estos mil años.[2]

La prueba más sencilla de esto es la siguiente: ¿encuentras a Jesús en la iglesia, o en cualquiera de las otras actividades cristianas que realizas? ¿Te sientes atraído hacia una comprensión y una experiencia genuinas de Jesús *tal como lo vemos en los Evangelios*? Si la respuesta es «no», hay un problema. No lo olvides: Jesús sanó a un hombre en Sabbat, y los líderes religiosos decidieron matarlo. Este espíritu es realmente desagradable y escurridizo como un jabón.

Amigo, si quieres conocer a Jesús tal como es, si quieres dejar que sea simplemente como es contigo, huye, huye tan rápido como te lo permitan las piernas, de cualquier cosa que tenga visos religiosos.

CAPÍTULO DIECISÉIS

DEJA QUE JESÚS SEA ÉL MISMO: ENCUENTROS

En 1954, Roger Bannister corrió 1 milla (1,6 kilómetros) en menos de cuatro minutos. El mundo quedó asombrado. Nadie había hecho algo así antes. Diez años más tarde, Jim Ryun alcanzó la misma marca en la escuela secundaria. Actualmente, 1 milla en cuatro minutos es lo que se espera de un corredor profesional de media distancia. ¿Esto se debe simplemente a la evolución del calzado para correr?, ¿a que contamos con vitaminas desarrolladas científicamente?

Lo que sucedió fue que Bannister rompió una barrera. Antes de esta hazaña, no se sabía o no se creía que fuera posible. Sin embargo, una vez que vieron que *podía suceder*, muchos se apresuraron a intentarlo por sí mismos.

Esto mismo es lo que intentaré hacer aquí: quiero abrir las posibilidades de experimentar a Jesús.

Jolie quedó absolutamente sorprendida cuando Jesús se le apareció durante su momento de adoración (¿nos sorprende que venga, especialmente durante la adoración?). Ella nunca había experimentado *algo* así, como cuando él la llevó a la cruz. Sin embargo, esta clase de cosas son comunes en la historia de la iglesia —porque Jesús es el mismo, ayer, hoy y siempre. A medida que leía la historia de ella, me acordé de un momento muy conocido de la vida de Francisco de Asís donde él también tiene una visión de Jesús en la cruz durante un momento de oración. En su caso, eso también le cambió la vida para siempre.

Muchos lectores conocerán a San Agustín, un hombre cuyo atractivo toca a las fes protestante, católica y ortodoxa. Fue un pecador bastante prolífico —admitido por él mismo—; un hombre al que enviaríamos a un centro de recuperación para adicciones al sexo. Si bien tuvo la oportunidad de escuchar los sermones de Ambrosio, y si bien su propia madre oraba día y noche —una herramienta muy eficaz para convertir a un alma descarriada—, estaba sometido a sus propias tinieblas. «Estuve atormentado», escribió. Hasta que un buen día, en un jardín, escuchó hablar a Dios a través de la voz de un niño del otro lado de un muro:

> [...] [M]as yo, tirándome debajo de una higuera, no sé cómo, solté la rienda a las lágrimas, brotando dos ríos de mis ojos, sacrificio tuyo aceptable. [...] Sentíame aún cautivo de ellas [nuestras iniquidades antiguas] y lanzaba voces lastimeras: «¿Hasta cuándo, hasta cuándo, ¡mañana!, ¡mañana!? ¿Por qué no hoy? ¿Por qué no poner fin a mis torpezas en esta misma hora?»
>
> Decía estas cosas y lloraba con amarguísima contrición de mi corazón. Mas he aquí que oigo de la casa vecina una voz, como de niño o niña, que decía cantando y repetía muchas veces: «Toma y lee, toma y lee».
>
> De repente, cambiando de semblante, me puse con toda la atención a considerar si por ventura había alguna especie de juego en que los niños soliesen cantar algo parecido, pero no

recordaba haber oído jamás cosa semejante; y así, reprimiendo el ímpetu de las lágrimas, me levanté, interpretando esto como una orden divina de que abriese el códice y leyera el primer capítulo que hallase.[1]

Así lo hizo. Esas eran las precisas palabras que necesitaba escuchar de Dios y, en ese momento, que acabaría resonando en todo el mundo, «Me convertiste a ti». Toma y lee, o tómalo y léelo, según la traducción. *Tolle lege* en latín. Creo que hemos pasado por alto el humor en esto. Agustín es un lector ávido; los libros son su idioma. Jesús, que envía a los pescadores a pescar y a los cobradores de impuestos a hacer caridad, le dice a Agustín que se ponga en pie y lea. Abre el libro, ratón de biblioteca. Se lo dice a través del canturreo de un niño, lo que le agrega un toque aún más juguetón. Jesús estaba entonando su melodía.

Hablando de melodías, hace poco recibí un correo electrónico de un amigo que se siente un poco avergonzado por su gusto musical. Mientras otras personas escuchan estaciones de radio cristianas, a él le gusta el «jazz de la nueva era» (que no tiene que ver con las enseñanzas de la nueva era, sino con una forma instrumental de jazz):

En algunas ocasiones, me sentí un poco extraño y también hasta culpable por escuchar este género. Una vez, mientras me dirigía a mi automóvil después de una reunión de ventas especialmente difícil, le pedí a Él que me diera paz y descanso. Le pregunté si le molestaba que escuchara esa estación. Mientras entraba al vehículo, lo sentí decir: *No, no hay problema. Yo también estoy aquí.* Puse en marcha el automóvil, sintonicé la estación y sonó una versión instrumental de «Fairest Lord Jesus» [Justísimo señor Jesús]. Riendo, dije: «¡Así que, aquí estás!»

Espero que esto sea algo que te ocurra a menudo. A mí me sucedió que Jesús me dijera algo y luego, en el momento siguiente, escuchar lo que dijo repetido en una película, una canción o de la boca de un amigo. Debemos esperar encontrar a Jesús en cualquier momento, en cualquier parte, en todas partes. Puede ser en la canción de un niño, en una canción en la radio —Jesús es infinitamente creativo. Simplemente, deja que sea él mismo contigo.

Otra amiga, Leslie, estaba viajando por Alemania y tuvo el privilegio de ver a la renombrada representación de la Pasión en Oberammergau. «Todos los pobladores tienen un papel en la historia», me contó. «Durante nueve años son tallistas de madera, y el décimo les dan otro papel. Los hombres se dejan crecer la barba y el cabello.» La obra dura tres horas por la mañana, luego hay una pausa extensa, y continúa por la tarde. Esto es lo que me escribió:

Durante la pausa, pasé bastante tiempo en un taller en particular. El tallista en persona me dio una explicación detallada de su trabajo. Tenía el cabello castaño, largo, y una mujer le preguntó si actuaba en la obra. «Sí», contestó. Pensé, *¿Con quién estoy hablando? ¿Con Pedro, Santiago, Juan, Judas... con Jesús?* En el momento en que pensé su nombre, fue como si el Señor me dijera: *¿Me reconoces en la obra, en esa parte que tan bien conoces, pero no me reconoces en el taller? ¿Has compartimentado tu vida a tal punto entre sagrada y secular, entre iglesia y negocios, entre domingo y el resto de la semana que, cuando estoy aquí, no me reconoces?* En ese momento, me di cuenta de que puedo ir a la iglesia un domingo y sé qué esperar porque conozco la historia. Puedo ver a Jesús en ese ámbito. Luego, me marcho y regreso a mi propio mundo, y lo dejo en la Palestina del siglo I. No pude reconocerlo en el taller.

Jesús está en todas partes.

Permíteme una cortesía que te ayudará a verlo:

Entonces concluyó Jesús: «Todo maestro de la ley que ha sido instruido acerca del reino de los cielos es como el dueño de una casa, que de lo que tiene guardado saca tesoros nuevos y viejos». (MATEO 13:52)

Este es un versículo muy hermoso, cortés y *estabilizador*. Es inmensamente amable —y también, inmensamente astuto. Tal como Jesús.

Piensa en esto: Jesús estaba sacudiendo algunas de las suposiciones más preciadas de algunos de sus oyentes y, al mismo tiempo, los invitaba a formas *muy* nuevas de comprender a Dios. El velo caía, para siempre. Se trata de un momento perfecto para sentirse disminuidos o para ponerse a la defensiva. Pero él se mueve rápido para deshacer reacciones exageradas. Por un lado, algunos de los presentes piensan *¿Estuve equivocado todos estos años?* (funciona mejor si le agregas una pronunciación judía). *Todos estos años en la escuela hebrea y, ¿para qué?* Se tiran cenizas en la cabeza, arrojan el taled en el recipiente de las cenizas. Disminución. Ciertas personalidades tienen esta tendencia. Al menos, yo la tengo.

Durante años, cada vez que escuchaba una de esas historias dramáticas que cuentan los misioneros —historias en las que Jesús aparece en medio de un intento de secuestro o de ejecución, enceguece al grupo de rebeldes con machetes y el que casi se convierte en mártir sale ileso, luego convierte al pueblo a Cristo y traba una fuerte amistad con el curandero— pensaba *Uy, soy un perdedor en lo que respecta a Jesús. No tengo anécdotas como esas para contar. Eso es en serio. Yo tan solo estoy jugando con bloques en la sala del jardín de niños.* Algo que *no* experimenté eclipsa todo lo que *sí* sé de Dios. Jesús intenta evitar que nos sintamos disminuidos cuando dice que los tesoros «viejos» *son* tesoros.

Por otra parte, Jesús sabe también que está lidiando con personalidades que lucharán a muerte por lo que creían sus padres. En este momento, ese tipo de personas sacan esta conclusión: *¡Abraham, Isaac y Jacob! Esto es demasiado. No abandonaré lo que mis padres me enseñaron. Debemos rechazar a este hombre y a sus enseñanzas*, afirman mientras sus ojos recorren el suelo en busca de guijarros. Una multitud puede enloquecer en segundos. Seguramente conozcas esta tipología. Para ser honesto, la mayoría de nosotros también la tenemos en nuestra personalidad.

En una parábola de una oración, Jesús los rescata a ambos. Mejor dicho, nos rescata.

No permitas que el fantástico encuentro con Jesús de otra persona disminuya la belleza de lo que tú sabes sobre él. Aférrate a los tesoros que ya tienes.

Sin embargo, al mismo tiempo, no has experimentado aún todo lo relacionado con Dios. Hay más, mucho más. Estas nuevas posibilidades con frecuencia se nos presentan cuando escuchamos sobre las maneras en las que Jesús obra en las vidas de otras personas. Deja las cenizas y los guijarros por un momento. Descubramos juntos más cosas sobre Jesús.

Pasaron varios años desde la última vez que había visto a David, y cuando entró en mi oficina ayer por la tarde, me sorprendió de inmediato cuánto había cambiado. Perdón, eso no es del todo correcto. No me sorprendió tanto cuánto había cambiado, sino cómo. Me sorprendió cuánto menos es el que era. No estaba tan *diferente* como *disminuido,* como los soldados que regresan de la guerra. Me contó la historia de su vida durante esos años de ausencia; una historia triste, llena de desilusiones, reveses y descorazonamiento. Pero, más triste aún que todo eso, había perdido su amistad con Jesús.

David me había visitado muchos años atrás, cuando estaba en segundo año de la universidad. Su padre había muerto en un accidente mientras nadaba, y David estaba de luto por esa pérdida. Ahora me doy cuenta de que mucho de lo que en ese momento coloqué bajo la etiqueta «dolor» era en realidad un conjunto de factores previos al accidente, factores que ahora colocaría bajo la descripción de «depresión, quebranto y opresión». Mucho tiempo antes de la muerte de su padre, este joven había perdido la esperanza —y había quedado bajo un cúmulo de velos religiosos.

El ministerio al que se había incorporado David en el campus al poco tiempo de encontrarse con Cristo estaba —tristemente— muy infectado de religión. Allí no se enseñaba que podía tenerse una relación íntima con Jesús, sino que el foco estaba puesto en el estudio constante de la Biblia, en el testimonio y en la buena moral. La motivación principal eran la presión y la culpa. Una especie de cristianismo islámico. El fruto era que la mayoría de los discípulos no experimentaban a Jesús, no creían en nada sobrenatural y vivían bajo una nube de opresión y culpa. Al comienzo de nuestro tiempo juntos, David y yo pusimos la cruz de Cristo entre él y ese ministerio y toda la opresión religiosa que venía con él. Pues es por la cruz que somos crucificados para el mundo, y el mundo, para nosotros (véase Gálatas 6:14).

David resumió su situación actual como un estado de *¿Para qué molestarse? Mejor, tomar el camino fácil.* Una experiencia diaria de pasividad y resignación. No sé muy bien cómo llegamos a ese momento (gracias, Espíritu Santo) en el que David comenzó a contarme acerca de un día en la escuela secundaria. «Mi hermano era muy bueno en Matemática y Ciencias, de manera que le agradaba al maestro, y yo también quería agradarle (David es dos años menor que su hermano). «Recuerdo que había estudiado mucho para el examen, pero me saqué una F. Después de clases, el maestro me llamó. Esperaba que se ofreciera para ser mi tutor, pero tan solo dijo: "Obviamente, en tu familia, tu hermano sacó la inteligencia, y tú la belleza". No recuerdo qué más me dijo. Yo solo quería salir corriendo del salón».

«¿Qué sentiste?», le pregunté.

«Vergüenza. Terror.», me contestó.

Bingo, pensé. *Esta es claramente una de las formas en que esta oscuridad penetró en él.* Me preocupaba especialmente esa descripción de que, en un momento, ya no escuchó lo que decía el maestro; que, a causa de la vergüenza y el terror de quedar más expuesto, simplemente quería salir corriendo del salón. Eso me sonaba a disociación, algo común en situaciones como esa, pero muy preocupante. No es

bueno que el alma se separe de sí misma. Estos momentos de disociación son oportunidades perfectas para que el enemigo establezca un
baluarte espiritual. Le pregunté a David: «¿Cuánto tiempo dirías que
pasas con esta sensación de vergüenza?». Ni siquiera tuvo que hacer
una pausa para reflexionar: «Todo el tiempo, constantemente».

Invitamos a Cristo a este recuerdo. Esto fue difícil, y riesgoso,
porque David había perdido gran parte de su relación con Jesús a esa
altura. «Jesús, ven a este recuerdo», oramos. Esperé un momento y,
luego, le pregunté a David. «¿Puedes verte ese día en el salón de clases?» «Oh, sí.» «¿Está Jesús contigo?» «Sí. Está entre el maestro y yo.»
«¿Está de frente a ti o mirando al maestro?» Pregunté esto porque, a
veces, Jesús lidia primero con quien perpetra la herida y después se
vuelve a la víctima. «Le da la espalda al maestro y está de frente a mí.
Es como si me protegiera de él». *Bien*, pensé; *esto es bueno*. Tal como
había protegido al leproso, a María y a tantos otros.

«Pidámosle a Jesús que te revele los acuerdos que hayas hecho ese
día». De inmediato, escuché *¿Para qué molestarse si este es el resultado?*
Lo dije en voz alta, y David dijo: «Ah, sí, y también *soy terriblemente
estúpido*». Oramos para que David renunciara a esos acuerdos y también para que renunciara a cualquier derecho que estos le hubieran
dado al enemigo en su vida. «Ahora, quiero que le pidas a Jesús que te
saque de este recuerdo, que te libere de él», que fue precisamente lo que
hizo. «¿Dónde estás ahora?» Hasta ese momento —desde que entró
en mi oficina— David había estado usando un tono de voz «ausente»,
monocorde, con un dejo de cinismo. De pronto, su voz cobró vida.
Volvía a ser su voz. «Estamos en un campo donde solía jugar al fútbol.
¡Me encantaba estar allí!». «Qué haces?» Ahora, David lloraba queda-
mente. «Estamos haciendo pases con una pelota.»

Ese día, David se marchó de mi oficina más esperanzado, más
alegre, con la sensación de estar más cerca de Jesús de lo que había
estado en años. En el testimonio colectivo de la iglesia hay millones
de encuentros similares. Estuve presente en cientos de ellos y, con los

años, escuché testimonios de más de un millar. En cada uno de estos encuentros, dos cosas son ciertas: la *personalidad* de Jesús es absolutamente coherente con la que descubrimos en los Evangelios, y el fruto es un amor más profundo por Jesús *debido* al encuentro con su personalidad.

Por sus frutos los conocerán.

Ahora bien, reconozco que la experiencia de David puede parecer extraña, lejana, hasta poco bíblica, así que pongámosle un poco de teología de inmediato. Este es un tesoro que demasiadas personas mantuvieron lejos de sí —ya sea porque no sabían que lo tenían disponible, o debido a que la religión lo enmascaró de «inquietud teológica».

En primer lugar, ¿Dónde reside Jesucristo actualmente en la vida de los creyentes? *Dentro* de nosotros. Más precisamente, en nuestros *corazones.* «Por esta razón me arrodillo delante del Padre, de quien recibe nombre toda familia en el cielo y en la tierra. Le pido que, por medio del Espíritu y con el poder que procede de sus gloriosas riquezas, los fortalezca a ustedes en lo íntimo de su ser, para que por fe Cristo habite en sus corazones» (Efesios, 3:14-17). De manera que debemos esperar experimentar a Cristo *dentro* de nosotros, además de «con nosotros» o a nuestro lado.

Luego, ¿existe algún aspecto de nuestra historia personal que esté más allá del alcance de Jesucristo? No. «Todo estaba ya escrito en tu libro; todos mis días se estaban diseñando, aunque no existía uno solo de ellos» (Salmo 139:16). ¿Sería posible que la facultad de la memoria fuera un ámbito que estuviera más allá del entendimiento de Jesucristo o, lo que es más importante, fuera de su alcance? No. «Ninguna cosa creada escapa a la vista de Dios. Todo está al descubierto, expuesto a los ojos de aquel a quien hemos de rendir cuentas» (Hebreos 4:13). De manera que el Jesús que está dentro de nosotros también es el Señor de nuestra memoria.

Por último, si nuestra relación con Cristo o nuestro testimonio de él en el mundo están obstaculizados porque una parte de nuestra alma no está por completo bajo su dominio amoroso, ¿querría Jesús mejorar eso? Claro que sí. Recuerda su determinación aguerrida.

Tuve encuentros como estos con Jesús en oraciones de sanación. El año pasado, mientras un sabio anciano oraba conmigo a medida que repasábamos algunos dolorosos recuerdos de mi vida, recordé de inmediato el momento en la escuela secundaria en que mi primera novia me rompió el corazón. Estas heridas pueden permanecer para siempre si las dejamos —el primer corte es el más profundo y cosas por el estilo. Le pedimos a Jesús que me llevara a ese recuerdo, y nos vi, a ella y a mí, en ese fatídico día de verano. Estábamos en la sala, tal como había sucedido. Luego, vi entrar a Jesús en la habitación. Se mostró bastante severo con ella, y me sorprendió. *¿Eso te importó?* Le pregunté. *Mucho*, contestó.

Luego, Jesús se volvió hacia mí, y sentí su amor. Me di cuenta de que podía librarme de todo aquel asunto. Fue tan sanador. Entender que Jesús está enojado con lo que te sucedió es muy, muy importante para entender su personalidad y también para tu relación con él y tu sanación. Lo que más me gusta de estos encuentros es que cada vez —absolutamente cada vez— Jesús muestra su verdadera personalidad. A veces es aguerrido, a veces amable, siempre generoso, y por lo general, muy alegre.

Mi hijo estaba teniendo un difícil primer año en la universidad. Muchos de los estudiantes se encontraban inmersos en la niebla religiosa. Fue un otoño solitario, lleno de malentendidos. Una tarde, después de que un compañero le dijera algo especialmente doloroso, Blaine regresó a su dormitorio y se desplomó en la cama —casi lo más bajo que puede caer un joven. Miró hacia su escritorio y «vio» a Jesús sentado allí, en su silla, con una sonrisa en el rostro. Llevaba un sombrero de pirata. Luego, desapareció. Una pizca del camino de Emaús.

Ahora bien, experimentar a Jesús no tiene que ser algo tan dramático. A veces lo es, pero no siempre. Si pensamos en aquellos días en que los discípulos compartieron con Jesús, cuando simplemente caminaban o se reclinaban en la mesa, los «espectaculares» milagros solo representan una pequeña parte de esos tres años. Hubo mucho de vida ordinaria, y aquí también se presenta Jesús; en un tulipán, una sonrisa, una taza de café, un cielo nocturno.

Anoche pasé una noche horrible. No sé muy bien cómo describirla; incluso si usara la palabra *Getsemaní*, me perdería intentando establecer la conexión. Horas de ataque maligno cuyo fruto fue que no pude encontrar a Jesús esta mañana. Sentí como si me hubiera abandonado. Me arrodillé, con la cabeza gacha, en la oficina. En un momento de adoración, con el rostro hacia el suelo, de pronto sentí una presencia junto a mí; algo que cayó junto a mi oreja. Era un viejo juguete mordido. Levanté la vista, y allí estaba Oban, moviendo el rabo. *¿Quieres jugar?* Era el espíritu de Jesús, que alegraba mi corazón por medio de mi perro. Oban se echó frente a mí y comenzó a lamerme la mano. Fue tan misericordioso, tan reconfortante. Era el consuelo de Jesús.

Si nos liberamos de las restricciones y los límites religiosos, lo veremos en todas partes.

> Veo su sangre en la rosa,
> y en las estrellas la gloria de sus ojos.
> Su cuerpo centelleando en medio de las nieves eternas;
> sus lágrimas cayendo desde el cielo.

> Veo su rostro en todas las flores.
> El trueno y el canto de los pájaros son su voz.
> Y esculpidas por su poderío,
> son las rocas, su palabra escrita.

> Todos los senderos por su pie son hollados;
> su fuerte corazón conmueve el mar palpitante.

Su corona de espinas se teje con todas las espinas.
Y todo árbol es su cruz.[2]

Nuestra querida amiga Kim es misionera en Tailandia. Es una mujer soltera, y los últimos años fueron difíciles para ella, con la duda de si será posible conocer a un buen hombre en el lugar donde presta servicios. Sin embargo, en los últimos meses, inició una relación con un muchacho de aquí. Más que nada, utilizan la Internet. Esta es la parte de la historia que nos interesa.

Era sábado por la mañana, y estaba disfrutando de una conversación maravillosa. Miré el reloj y me di cuenta de que debía encontrarme con una amiga a la que llevaría a un encuentro de mujeres en la iglesia. Aún no lo conoce a Jesús, pero está ansiosa por conocerlo. Me preparaba para una conversación aburrida mientras me atracaba con carbohidratos, pero le había dicho que iría. Ella estaba a punto de tomar un riesgo, y yo debía darle un buen recibimiento a su corazón. De manera que corté la comunicación, tomé un taxi y me dirigí hacia el centro. Nuestro plan era encontrarnos en la estación a las 8:45. Pasaban los minutos: las 9, las 9:15, las 9:25. Me imaginé que llegaríamos tarde al desayuno; los platos vacíos y las mujeres mirándonos mientras intentábamos conseguir asiento y algo que hubiera sobrado. Me quedé allí, entre cientos de personas que pasaban a mi lado cada vez que llegaba un tren. Me comenzó a hervir la sangre. Estaba cada vez más frustrada porque podía haber estado en casa disfrutando de una conversación con una persona que cada vez me importa más, cuando estaba en una estación de trenes sucia, ruidosa y llena de humo esperando a una amiga que sabía que llegaría tarde.

En ese momento, escuché la voz de Jesús, muy clara. *De modo que dejaste la intimidad de lado para que te desilusionara alguien que necesita amor, ¿verdad?* No hizo falta que dijera nada más. En su voz no había más reprobación que la que puede haber en la voz de un amigo amable que nos muestra un poco más de su propia historia. Cómo era su humanidad, cómo debe de haberse sentido su tiempo en la Tierra más de una vez. Esto me hizo amarlo aún más.

Cuando recuperamos la humanidad de Jesús, nos ayuda a encontrarlo en las partes más complicadas de nuestra propia humanidad y de la humanidad en general. Descubrimos la vasta riqueza y la belleza de su corazón. Si es a imagen y semejanza de su corazón que fuimos hechos y somos rehechos, ¿significa que nuestros corazones serán así de ricos alguna vez? Esto me recuerda otra hermosa historia, esta vez de nuestra «hija adoptada» Julie. Jesús vino a ella durante un momento de oración. Esto es lo que vio:

Estábamos en una pradera verde y lozana rodeada de robles y repleta de flores silvestres y pasto crecido. Jesús me tomó de la mano y me guió, a través de la hierba que se mecía en el viento, hacia un bosque denso. La luz se abría paso entre las ramas, y reíamos y nos divertíamos a medida que lo seguía cada vez más adentro del bosque. Llegamos a un árbol gigante y nos detuvimos. Mientras estábamos debajo de sus gruesas ramas, me dijo lo que más necesitaba escuchar: *Me perteneces.* (Me sorprendió que esto fuera lo que más necesitaba escuchar). Lo miré a los ojos y vi ojos como los de mi esposo, y pude creer en Jesús y recibir todo el amor que tenía para mí. Me tomó de la mano y me llevó aún más adentro del bosque, hasta que llegamos a una cueva oscura y baja. Las paredes de la cueva estaban incrustadas con la variedad más maravillosa de joyas: rubíes, diamantes, zafiros y, sobre todo, esmeraldas. Exclamé que todo eso era muy hermoso, y me dijo *Julie: este es tu corazón.*

Hagamos una pausa. Te perderás el asombroso obsequio de esta historia si no entiendes que Dios renueva nuestros corazones. La niebla religiosa tiene a muchos, muchos cristianos atrapados en la visión del Antiguo Testamento de sus corazones —es decir, malvados y engañosos— y son ciegos a la enseñanza del Nuevo Testamento de que Dios nos da un corazón nuevo. «La parte que cayó en buen terreno son los que oyen la palabra con corazón noble y bueno» y «Purificó sus corazones por la fe» (Lucas 8:15 y Hechos 15:9). Esto pondrá tu mundo de cabeza.

Julie continúa así:

Salimos de la cueva y regresamos al bosque y me preguntó cuál era la pregunta que más necesitaba hacer. Le pregunté si sería una buena madre. Me mostró la imagen de una niñita rubia corriendo con una sonrisa llena de dientes (llevaba dos broches blancos en el cabello). Mientras ella corría, reí echando la cabeza hacia atrás con deleite. Esto me ha hecho perder la compostura y tengo el rostro bañado en lágrimas.

Julie dará a luz a una niña en la época en que se publique este libro. No lo sabía cuando Jesús le mostró esa imagen.

Ah, Jesús, ¿por qué dudamos tanto de ti? ¿Por qué te imponemos tantos límites? Perdónanos. Comparto estas historias con la esperanza de que te permitan experimentar a Jesús de nuevas maneras, de que te den ojos para ver las maneras en las que él ya viene por ti. ¿Te gustaría ver sus ojos, su sonrisa? ¡Díselo! Deja que Jesús sea él mismo contigo. Quita esos límites que tú o los demás le impusieron. Ah, una cosa más: necesitas abrirte a las maneras en las que Jesús *quiera* venir a ti. No insistas en que suceda de la misma manera en que visita a otra persona. Este artista es infinitamente creativo.

Mi hijo mayor pasó por una depresión de alrededor de dos años, y lamentablemente ninguno de nosotros la reconoció como tal. El verano pasado, tarde en la noche, Sam estaba mirando una película con un amigo. Se trataba de la historia de un joven deprimido, y el dolor de ver una imagen de sí mismo le perforó el corazón. Salió corriendo y corrió por las calles. Entre sollozos, le rogó a Dios que viniera hacia él. *Jesús, si eres real, ven, ahora.* En ese momento, en ese preciso momento, sucedieron tres cosas: un rayo centelleó en el cielo, su teléfono sonó —un amigo a cuatro estados de distancia estaba preocupado— y escuchó el ruido de pasos apresurados en busca de él —el amigo con el que estaba mirando la película. «Pues, en realidad estaba esperando que Jesús apareciera en forma física, pero esto fue bastante asombroso de todas maneras».

Deja que sea él mismo, y él vendrá. Vendrá.

Mi idea era titular *Jesús de los mil corazones* a este libro, debido a la manera en la que irrumpe en mi vida continuamente. Me «habla» por medio de corazones. Encuentro piedras con forma de corazón en los ríos donde pesco. Los he visto prácticamente paso a paso en la ladera de la montaña durante un extenuante ascenso. Al orar por la mañana, he mirado por la ventana cuando pasaba una nube en forma de corazón. Bollos en la cena, conchas marinas, manchas en mis pantalones. En lo que respecta a corazones de Jesús, me gané la lotería. Sin embargo, me avergüenza admitir que, el verano pasado, me puse un poco impaciente con ellos. Estaba pasando un momento difícil y buscaba a Dios para que me diera la respuesta a muchas preguntas. Con frecuencia, simplemente me daba un corazón a modo de respuesta: si iba caminando por la acera, de pronto aparecía un hueco en forma de corazón en el hormigón hecho por una burbuja de aire cuando la construyeron.

Llegué al punto de desestimarlos un poco. No quería corazones, quería *respuestas*.

De modo que Jesús dejó de aportar estos tesoros a nuestra amistad.

El otoño pasado, caminaba por un prado alpino mientras practicaba cacería con arco y flecha, y le pregunté *¿Por qué ya no me das* *corazones?* Se lo pregunté con una especie de mohín. En ese momento, algo gris me llamó la atención. Bajé la mirada al camino y allí, en medio del césped, del tamaño de un plato, había un pedazo de bosta de vaca seco con la forma de un corazón perfecto.

Si no supiera que Jesús me adora, si no supiera que tiene un espíritu alegre, si nuestra relación no permitiera una broma juguetona, podría haber malinterpretado la figura. Pero me encantó. Fue una mezcla de *Así que, ahora quieres un corazón* y *Todavía te adoro.* Un corazón de bosta de vaca. *Muy* del estilo de Jesús. Desearía haberle tomado una fotografía. Podría haberla puesto en la portada del libro.

CAPÍTULO DIECISIETE

Deja que Su Vida Llene la Tuya

Si tuvieras que elegir una palabra para describir el movimiento de Jesús a lo largo de esos tres impresionantes años de atención pública que encontramos en los Evangelios, ¿cuál sería?

Sí, lo sé, lo sé. Todos elegirán la palabra *amor*. Pero yo no pregunté qué palabra usarías para describir su carácter o su *motivación*. Pregunté qué palabra usarías para describir su presencia, la calidad de los numerosos actos diferentes que ves en él. Una madre que canta canciones de cuna a su hijo está movida por el amor, pero, para describir sus actos, usaríamos las palabras *tiernos* o *amorosos*. Para un montañista que lucha por seguir avanzando a 20.000 pies de altura (6.000 metros) y está agotado, respira con dificultad y se niega a abandonar, la mejor descripción sería *implacable*.

¿Cómo describirías la calidad de la presencia y las acciones de Jesús? En el capítulo 9 del libro de Mateo, esto es lo que vemos:

Se apea de la barca tras increpar a una multitud de demonios (Legión) y sana a un paralítico.

Llama a Mateo a que lo siga, come en casa de este con una multitud escandalosa y amonesta a los fariseos por irritarse por la situación.

Explica por qué no ayunan sus discípulos y muestra así la libertad que vino a traer.

Levanta a una niña de la muerte.

Sana a dos hombres ciegos.

Luego, sana a un mudo al expulsar de él un demonio.

Después, viaja por «todos los pueblos y aldeas» (versículo 35) y anuncia la nueva sobre el reino de Dios.

Todo esto en un solo capítulo. Si cualquiera de nosotros lograra todo esto en una década o, incluso, en toda una vida, estaría muy satisfecho.

La palabra que yo escojo para describir a Jesús es *vida*. Vida pura, lozana, desbordante. Vida que se muestra inagotable, imparable, indestructible. Tal como Juan lo resumió: «En él estaba la vida, y la vida era la luz de la humanidad» (1:4). Sin ninguna duda.

Regresemos una vez más a la naturaleza. Es una fuerza *muy* liberadora de la niebla religiosa porque le pertenece a Dios y nos dice mucho sobre su verdadera naturaleza —perdona el juego de palabras. ¿Qué dice la creación acerca de su vida? Un mero árbol es suficiente para inspirarme a la adoración —su belleza, elegancia y perseverancia, la vida que fluye por él. Si me dieran toda una vida para hacerlo, jamás podría hacer un árbol yo mismo. Ahora bien, ¿te has detenido a pensar alguna vez cuántos árboles hay en este planeta? La taiga se extiende sobre Suecia, Siberia, Alaska y Canadá; contiene una tercera parte de los árboles de la tierra y produce suficiente oxígeno para reabastecer el suministro de la tierra.[1] Estoy hablando de un solo bosque.

¿Alguna vez te preguntaste cuántos peces nadan por nuestros océanos y mares? Cada año, se pescan 700.000 millones de sardinas en la costa de Perú —y esta es apenas una subespecie muy pequeña, en una sola costa. Hay montones de peces aleteando por allí. Es deslumbrante.

Acércate un poco y echa un vistazo microscópico al mundo. Hay entre cientos y miles de organismos en una sola gota de agua: protozoos, amebas, rotíferos y tardígrados. En una gota. ¿Con cuántas gotas se llena un cubo de agua; con cuántos cubos se llena un estanque? Hay muchos estanques en este planeta. La tierra es como una placa de petri gigantesca, prolífica y llena de vida, con una diversidad y abundancia tan asombrosas que la ciencia aún no está ni cerca de haberla catalogado toda.

La naturaleza rebosa de vida, aún *después* de todos los años de guerra.

Ahora bien, ¿qué sucedería si esta clase de vida se expresara a través de un hombre? Ah, es verdad. Lo hizo.

Cuando Jesús alimentó a 5.000, la cuenta solo incluyó a los hombres, de modo que la multitud debe de haber sido de 10.000 si incluimos a mujeres y niños. Todo esto, a partir de cinco panes y dos (pequeños) pescados. Hasta sobró comida. En Caná, todo lo que dice es «Llenen de agua las tinajas». De pronto, 180 galones (680 litros) de vino simplemente aparecieron allí. Con un grito, levanta a Lázaro de entre los muertos. Existe una palabra que es la que mejor describe todo lo que sucede aquí: *vida*. Jesús es realmente el Señor de la vida.

Ahora, una verdadera maravilla: no solo recibimos a Jesús, sino que tenemos la oportunidad de vivir su vida. De veras. Todo lo que has visto aquí, todo lo que has leído; puedes tener esta vida si quieres. Esto era lo que creía Jesús. Este era su entendimiento acerca de nuestra desesperación y de su misión:

> Ciertamente les aseguro que si el grano de trigo no cae en tierra y muere, se queda solo. Pero si muere, produce mucho fruto. (JUAN 12:24)

Yo soy la vid y ustedes son las ramas. El que permanece en mí, como yo en él, dará mucho fruto; separados de mí no pueden ustedes hacer nada. (Juan 15:5)

Yo soy el pan de vida […] el pan que baja del cielo […] Si no comen la carne del Hijo del hombre ni beben su sangre, no tienen realmente vida. (Juan 6:48, 51, 53)

Yo he venido para que tengan vida, y la tengan en abundancia. (Juan 10:10)

Las ilustraciones deben de haber sido viscerales para los oyentes. Si no lo hicieron ellos mismos, habrán visto a un tío o vecino esparciendo semillas cada primavera —no plantar semillas significaba terrenos yermos y hambruna. Seguramente estaban rodeados de vides —no como agradable vista turística, sino como elemento vital. Sabían que una rama rota se marchitaba y moría. La rama obtiene su vida de la vid. El pan era su sustento diario, la base de su alimentación. La falta de pan implicaba inanición.

¿Cómo explicamos esto a un auditorio que no tiene la menor conexión con la tierra?

Piensa en la electricidad: si cortas los cables que llegan a tu hogar, no tienes energía. Piensa en la gasolina: si te quedas sin combustible, el automóvil no puede moverse. Esto es lo que Jesús intenta explicar. Mejor aún: piensa en el oxígeno: una cosa es estar rodeados de oxígeno, y otra muy diferente tenerlo *dentro*. Si bien vivimos la vida rodeados de oxígeno, sumergidos en un mar de aire, si el oxígeno permanece fuera de nosotros en lugar de en nuestro interior, morimos.

Lo mismo se aplica a Jesús, a su vida. Él es la esencia faltante en nuestra existencia. Necesitamos a Jesús tanto como necesitamos oxígeno.

¿No estás desesperado por vivir? «Somos contenedores de vida —dice MacDonald—, pero aún no estamos llenos del vino de la

vida. Allí donde aún no hay vino, la arcilla se raja y hay dolor y aflicción… La vida debe ser asistida, sostenida y reconfortada en todas
sus partes con Vida. La Vida es la ley, el alimento, la necesidad de
vida. La Vida lo es todo».[2]

Sin dudas lo es.

DOS REACCIONES

Cuando las personas sinceras se encuentran con la magnífica y
escandalosa vida de Jesús, parece haber dos reacciones básicas: *No
hay manera en que pueda hacer eso* o *Quiero intentar vivir como él.*
Ambos grupos encajan muy bien en nuestro entorno cultural actual.

El primer grupo no está necesariamente menos comprometido
con Jesús que el segundo, pero comparte una reacción interna
común hacia su vida que es, básicamente, algo así: *Pues, sí, pero…
vamos. Estamos hablando de Jesús. Claro que era asombroso, pero yo no
puedo esperar vivir como él. Entonces, ¿para qué intentarlo siquiera?*
Esta postura funciona bien en un momento de falta de confianza
disfrazada de humildad. Incluso, de alguna extraña manera, hasta
puede parecer noble, porque sienten que, al no intentarlo, al menos
están «siendo honestos». Es más: creen que no hacer grandes intentos les evitará ocasionar el daño que vieron hacer a los hipócritas. La
suya es una especie de espiritualidad relajada. Las cuestiones de
compromiso cristiano como las Escrituras, los sacramentos, la
comunidad y el servicio son opcionales. Tan solo, vive tu vida.

Sin embargo, hay un problema con esto. Jesús dijo: «Como el Padre
me envió a mí, así yo los envío a ustedes» (Juan 20:21). No te quedes
sentado jugando a la Xbox mientras el mundo se autodestruye.

Al admirar la magnificencia de Jesús, el segundo grupo con-
grega una enorme cantidad de fuerzas internas para intentar vivir
como él. Estas son las personas que constituyen la mayor parte del
ejército de la actividad cristiana, los héroes que se ensalzan en la
iglesia, los que luchan por la justicia en todo el mundo. Benditos

sean, están involucrados. Sin embargo, déjame decirte que son pocas las cosas que pueden traerte tantos problemas como intentar dar lo mejor de ti. Para el corazón sensible y ferviente, es *tan* desalentador dar todo lo que tienes al intentar hacer lo que crees que Jesús habría querido que hicieras y encontrarte con que no das la talla y saboteas tus propios esfuerzos cada vez. El desaliento y la vergüenza hacen mella como una prolongada lluvia de Seattle.

Sin embargo, esto es lo que la mayoría de los cristianos experimentan como vida cristiana: esforzarse más y sentirse peor.

Mencioné las astutas trampas que reemplazan la simple prioridad de amar a Jesús. He aquí una muy sorprendente: la trampa de la integridad. A lo que me refiero con esto es a ese momento en que ponemos la atención en intentar mantener la rectitud personal. Parece algo noble y correcto. Jesús nos dijo que cumpliéramos sus mandamientos. Sin embargo, esto puede ser una trampa porque la mayoría de los cristianos *lo interpretan como* «esfuérzate más; haz lo mejor que puedas».

Me encuentro recayendo en este comportamiento todas las semanas. Lo detecto en un puñado de síntomas. Uno es el agotamiento. Simplemente me encuentro extenuado otra vez. También puedo experimentar una aflicción interna cuyo origen no puedo identificar; una sensación de tener el estómago retorcido. Desaliento, esa conocida nube insoportable que me dice que «lo estoy arruinando». Irritación con las personas necesitadas. Todos estos síntomas, y montones de otros, son los daños colaterales de intentar hacer lo mejor que puedo. Me hacen saber que otra vez pienso que amar a Jesús es dar lo mejor de mí al vivir por él. Pero esta es una cuestión peliaguda. Por un lado, es cierto que amar a Jesús es obedecerlo, pero, ¿con qué recursos?, ¿a partir de qué fuente de fortaleza interior?

Solía pensar que se trataba de mi lealtad, de mi integridad. De la voluntad de sacrificarme y luchar como corresponde. Por supuesto que estamos involucrados; por supuesto que importan nuestras elecciones. Pero, ¿no es cierto también que Jesús nos advirtió: «Separados de mí no pueden ustedes hacer nada» (Juan 15:5)? La buena noticia es que nunca se pretendió de nosotros que imitáramos a Cristo. Al menos, no si nuestra interpretación de esto es hacer lo mejor que podamos para vivir como él vivió. Esto debería de ser un gran alivio. Algo dentro de mí dice *Pues, sin lugar a dudas esta fue mi propia experiencia*. Pero, sin el entendimiento de que *nunca se pretendió que diera lo mejor de mí*, me siento muy mal al respecto.

En una biografía de Cristo que está bien en muchos aspectos, me encontré con esta trampa terrible. El autor describe la misión de Jesús de esta manera:

> una revolución espiritual, el reemplazo de la ley no reformada de Moisés por un Nuevo Testamento basado en el amor y la buena vecindad que podía ser adoptado por todas las clases y todos los pueblos [...] La vida en la tierra debía dedicarse a la autotransformación, mediante la cual cada alma humana debe esforzarse por parecerse tanto a Dios como sea posible, un proceso facilitado por la existencia de su hijo hecho hombre, lo que hace más fácil la imitación.

Esta es una distorsión maléfica y agobiante. Jesús no fue el creador del Cuerpo de Paz. El secreto del cristianismo es algo completamente diferente: es la vida de Cristo en ti; es permitir que su vida se convierta en la tuya. Su revolución no es autotransformación, sino la transformación de nosotros *por obra de él*, de adentro hacia fuera, a medida que recibimos su vida y le permitimos que viva a través de nosotros. La vid y las ramas. Todo lo demás es un sinsentido.

«Pero existe una realidad en la que todas las cosas son sencillas y llanas», nos promete Macdonald.

> La unidad; es decir, la unidad con el Señor de la Vida [...] Así como Cristo es la plenitud de la humanidad, la plenitud de cada hombre es el Cristo hecho perfecto en él. La fuerza vital de la

humanidad que opera en él es Cristo; él es la raíz, el generador y perfeccionador de su individualidad. Cuanto más fuerte es la voluntad pura del hombre por ser honesto, más libres y activas son sus decisiones y más definida es su individualidad, más pertenecen el hombre y todo lo que lo constituye a Cristo.[3]

La plenitud de tu humanidad es la vida de Jesús en ti. Tienes la oportunidad de vivir su vida; sino, ¿qué es la salvación después de todo?

Porque a los que Dios conoció de antemano, también los predestinó a ser transformados según la imagen de su Hijo, para que él sea el primogénito entre muchos hermanos. A los que predestinó, también los llamó; a los que llamó, también los justificó; y a los que justificó, también los glorificó. (ROMANOS 8:29-30)

Jesús está primero en la línea de la humanidad que Dios está restaurando. No es meramente un modelo; eso sería inalcanzable y apabullante. Es el *medio* que utiliza Dios para restaurar nuestra humanidad. Eso es lo que se supone que el cristianismo debe hacer con las personas. Eso es lo que sucede cuando su vida invade la nuestra.

Pero la idea de redención en cuanto *impartición de una vida* proporciona un marco de comprensión completamente distinto. El acto fundamental de redención de Dios hacia nosotros es la comunicación de una nueva clase de vida, así como la semilla —uno de los símbolos preferidos de nuestro Señor— lleva nueva vida a la tierra que la envuelve. Alejarnos de viejos hábitos con fe y esperanza en Cristo se convierte en la primera expresión natural de la nueva vida impartida. Esa vida estará preparada para convertirse en una vida como la de Cristo, porque en realidad *es* Cristo. Él vive realmente en nosotros. La encarnación continúa.[4]

La encarnación continúa... en ti.

PERO, ¿CÓMO?

Ama a Jesús. Deja que sea él mismo contigo. Deja que su vida llene la tuya.

Cada día, ofrécele tu vida para que la llene con la suya. Esto forma parte de lo que ahora oro cada mañana:

Señor Jesús: hoy te doy mi vida para vivir la tuya.

Por supuesto, esto parte de la base de querer renunciar a nuestra autodeterminación. Encontrarás difícil recibir su vida en gran medida si, al igual que la rama, sigues por tu cuenta y dejas la vid detrás para vivir tu vida como te plazca. Honestamente, creo que esta es la razón por la que aceptamos un Jesús tan soso o tan distante: de esta manera, no interfiere en nuestros planes. Dije antes que una de las realidades más extrañas de la iglesia religiosa es que se considera que amar a Jesús es optativo, algo que nos da puntos adicionales. Es el mismo tipo de locura el que opera en la idea de que se puede ser cristiano y conservar la autodeterminación.

¿Por cierto, ¿cómo va con eso?

Si no obtienes tu vida de Jesús, significa que intentas obtenerla de otra fuente. Te aseguro que eso no funciona.

Jesús simplemente enunció un hecho de la naturaleza cuando dijo: «Porque el que quiera salvar su vida, la perderá; pero el que pierda su vida por mi causa, la encontrará» (Mateo 16:25). Si intentas asir la vida, se escurrirá entre tus dedos como arena; si se la das a Dios, él podrá llenar tu vida. Si buscas lo auténtico, si quieres experimentar la vida lozana, generosa, inextinguible e imparable de Jesús en ti y a través de ti, debes abandonar tu autodeterminación.

Señor Jesús: hoy te doy mi vida para vivir la tuya.

Cuantas más partes de tu vida le des a Jesús, más podrá su vida invadir la tuya. Este simple alivio justifica ese precio.

Anoche, Stasi y yo estuvimos en una comida con amigos a los que adoramos y con quienes disfrutamos estar. Fue una de esas ocasiones en las que, por alguna razón, mi mundo interior no estaba en sintonía con el mundo exterior. Durante toda la noche, estuve permanentemente consciente de cosas terribles en mi interior —quería ser el centro de atención, me irritaba con las personas por sus idiosincrasias, sentía orgullo cada vez que alguien contaba una historia de fracaso personal— una pesadilla de pecados. Esta mañana, cuando me desperté, sentí una tentación parecida a la del día de Año Nuevo: ésa prisa por hacer toda clase de resoluciones para convertirme en una persona mejor. Cuando me senté a orar, vi cómo tomaba la determinación de hacer esto y aquello, cómo despreciaba eso y aquello otro sobre mí —básicamente, estaba intentando matar las partes menos atractivas de mi persona y reafirmarme para ser bueno.

Las condiciones perfectas para el desastre.

El talón de Aquiles de esta clase de «arrepentimiento» es que todo se sigue basando en el propio esfuerzo. Gracias a Dios, pude notarlo. Me volví al Cristo en mi interior y le pedí a Jesús que viniera y tuviera mi vida más profundamente. El alivio fue casi inmediato. No quiero decir con esto que todos esos defectos desaparecieron como por arte de magia, sino que, en primer lugar, fui rescatado de días y semanas de lucha y autodeterminación. En segundo lugar, la presencia de Jesús en mí hace que esos defectos se replieguen —algunos para morir en la cruz, otros para recibir su gracia sanadora. Pero el punto es que, esta vez, pude volverme al *Cristo en mí* como única esperanza de transformación, y el fruto de esto es un profundo alivio.

De manera que estoy dándole mi vida a Jesús para vivir su vida a diario, y a medida que avanzo en mi día y me encuentro con alguna prueba, lo que ahora oro —cuando recuerdo hacerlo— es esto:

Jesús en mí, ayúdame con esto.

Recurrimos al Cristo *en nosotros* para que nos ayude en el momento, porque, tal como descubrió el alguna vez atormentado Agustín, Jesús es «más interior que lo más íntimo mío».[5]

Dicho sea de paso, este es el propósito de encontrarnos con aquellas cosas que no podemos manejar en la vida: nos vemos obligados a volvernos a Cristo. ¿Realmente creíste que podrías ser amable durante el resto de tu vida sin la ayuda interna de Jesús? Un día de amabilidad es un milagro. ¿Qué hay de la comprensión, la generosidad, la honestidad? ¿Realmente pensaste que podrías superar los baluartes de toda una vida sin algún tipo de milagro como el de Lázaro? Sencillamente, no sucederá —al menos, no sin la vida de Jesús en ti.

Darme cuenta de esto fue como una revelación para mí.

Pasé la mayor parte de mi vida adulta en busca de las claves que les permitieran a las personas alcanzar la perfección. Como un arqueólogo que rastrilla en busca de un tesoro enterrado, hurgué en los dominios de la orientación, la disciplina espiritual, la sanación interior, la liberación, la recuperación de adicciones —todo lo que pudiera ayudarme a ayudar a otros a estar mejor. Al igual que Schliemann, cuando su excavadora se topó con las ruinas sepultadas de Troya, tuve la revelación siguiente:

Jesús no tiene intención de permitirte que seas perfecto más allá de su presencia y su vida momento a momento en ti.

La imperfección y los pecados no son cosas que debemos superar *para* poder caminar junto a Dios, sino que son las oportunidades de clamar porque la vida de Dios en nosotros nos rescate. No el Dios fuera de ti, en alguna parte de los cielos, sino el Cristo *en* ti, tu única esperanza de gloria. Deja que esto se asiente en ti: Jesús no tiene intención de permitirte que seas perfecto más allá de su presencia y su vida momento a momento en ti.

Si has encontrado el perdón en Cristo, agradécele a Dios. Sin embargo, sigues siendo una rama que necesita desesperadamente la vid. Si has encontrado su moralidad, es fantástico, pero no puedes esperar lograrlo sin su vida. Si encontraste inspiración en Cristo, alégrate, pero eso no durará más de dos días sin su vida. Como dijo Oswald Chambers, «nuestra única tarea es mantener la comunión vital con Jesucristo y cuidar de que nada interfiera con ella».[6]

Este era el punto de la metáfora de la vid y las ramas. En el mismo momento en que Jesús nos dio esa metáfora, nos instó a que «permaneciéramos» en él:

> Permanezcan en mí, y yo permaneceré en ustedes. Así como ninguna rama puede dar fruto por sí misma, sino que tiene que permanecer en la vid, así tampoco ustedes pueden dar fruto si no permanecen en mí.
>
> Yo soy la vid y ustedes son las ramas. El que permanece en mí, como yo en él, dará mucho fruto; separados de mí no pueden ustedes hacer nada. (JUAN 15:4-5)

¿Cómo podemos mantener la comunión vital con él? Mediante amarlo, obedecerlo y cederle cada vez más de nosotros. Dicho sea de paso, esta es la manera en la que Jesús vivió. Como modelo para nosotros, vivió una vida de total entrega, una vida de comunión con el Padre: «Ciertamente les aseguro que el hijo no puede hacer nada por su propia cuenta, sino solamente lo que ve que su padre hace [...] Yo no he hablado por mi propia cuenta; el Padre que me envió me ordenó qué decir y cómo decirlo» (Juan 5:19; 12:49). En parte, vino a mostrarnos cómo se hace. Esa vida dinámica que ves fluir en él, él la recibió del mismo modo en que nosotros debemos hacerlo: mediante un amor y una dependencia continuos de Dios.

Ahora, debemos darle a él nuestra vida para recibir la suya, y no una sola vez, sino como una práctica regular. Por supuesto, esto no consiste únicamente en decir una oración. Sería necesario otro libro para describir las maneras en que nos ponemos a disposición de su vida. Debemos buscar las prácticas que nos ayuden a recibir la vida de Dios. Ya sea la oración, la adoración, el silencio, los sacramentos o el obsequio del sol, sentarse junto a un arroyo, la música o la aventura, buscamos las cosas que nos ayudan a recibir la vida de Dios. Ahora tienes un guía personal: pregúntale a Jesús qué hacer y qué no hacer para recibir su vida.

De paso, déjame mencionar cuál es la prueba definitiva de cualquier cosa que afirme venir de Jesús: ¿Trae *vida*? Si no lo hace, aléjate de ella como de una serpiente de cascabel. Descubrirás que lo religioso nunca trae vida. Jamás. Eso es lo que permite que lo descubramos.

ESTO SOLO CAMBIARÁ EL MUNDO

Una de las razones por las que nos agradan nuestros amigos es porque nos gusta cómo somos cuando estamos con ellos. Esto se aplica a Jesús: cuando estamos cerca, me gusta cómo soy; y cuando parece que estuviéramos distantes, soy un desastre. Quizá esté bien vestido, con un buen semblante, pero sin vida, como una flor cortada. Como dijo un amigo durante una comida hace unos días: «Cuando estoy en Cristo o él está en mí, o como quieras describirlo, todo es diferente: la forma en que me veo a mí mismo, la forma en que te veo a ti. Soy el hombre que quiero ser».

A medida que lo amamos, lo experimentamos y permitimos que su vida llene la nuestra, la personalidad de Jesús transforma nuestras personalidades. Los tímidos se vuelven audaces; los audaces, pacientes; los pacientes, feroces; los tensos se liberan y los religiosos se vuelven escandalosamente buenos. «Los que miraron a él fueron alumbrados» (Salmo 34:5, RVR1960). Miraron a Jesús y se volvieron como él. Amar a Jesús nos ayuda a ser lo que debemos ser como seres humanos. Tal como dijo Atanasio, «se convirtió en hombre para deificarnos».

Nosotros no somos los únicos que necesitamos esto con desesperación; el mundo necesita que esto nos suceda.

¿Eres consciente de que —ya sea que lo sepamos o no, o que nos guste o no— en todos nuestros esfuerzos mostramos continuamente la personalidad de Dios al mundo? Es un pensamiento interesante. Tómate una tarde para navegar por Internet y observa cómo se muestra el cristianismo en el mundo. Te hará enojar —será mejor que lo haga. Con razón el mundo se aleja. Al menos, la naturaleza sigue hablando en nombre de Dios.

Cuánto bien le haría al mundo si las iglesias fueran conocidas por alegres, agudas, feroces, humildes, generosas, honestas, astutas, magníficas y francas. Cuando nos aferramos a un Jesús soso, encontramos una iglesia sosa. Un Jesús de dos dimensiones equivale a cristianos bidimensionales.

> Has triunfado, oh pálido galileo;
> el mundo se ha ensombrecido con tu aliento.[7]

Este es el trágico efecto del Jesús religioso y de la iglesia religiosa en el mundo.

Pero en cuanto a *este* Jesús, este Admirable Forajido, si su exquisita vida invadiera la nuestra… Ah, lo cambiaría todo.

Jesús, invade mi vida. Limpia este templo. Produce tu Caná en mí. Te doy mi humanidad para ser restaurado por la tuya. Te doy mi vida para vivir tu vida.

Entonces, la encarnación *podrá* continuar.

Un Último Pensamiento

Debo confesar algo: estoy un poco ansioso.

Pronto cerrarás el libro, y busco desesperadamente las palabras correctas como la madre y el padre que despiden a un hijo que se marcha a la guerra desde la plataforma de la estación de trenes. Busco a tientas las palabras que, de alguna manera, te hagan *aferrarte a esto*. Suena la chicharra del tren. La madre sufre un ahogo y el padre le da un fuerte apretón de manos porque sabe todo lo que está en juego. Amigo: hay mucho en juego.

Debo decir dos cosas; me limitaré a dos cosas.

Se encuentran avanzado en el libro de los Hebreos, hacia el final de la Biblia, y parecen pronunciadas con el mismo espíritu que la despedida de la plataforma de la estación:

Fijemos la mirada en Jesús, el iniciador y perfeccionador de nuestra fe, quien por el gozo que le esperaba, soportó la cruz, menospreciando la vergüenza que ella significaba, y ahora está sentado a la derecha del trono de Dios. Así, pues, consideren a aquel que perseveró frente a tanta oposición por parte de los pecadores, para que no se cansen ni pierdan el ánimo. (12:2-3)

«No quiero que pierdas el ánimo», dice el autor de manera paternal mientras su mano no quiere soltar la nuestra. «Fija la mirada en Jesús». El contexto del pasaje es sufrimiento, dificultad y oposición. Se nos insta a que nos aferremos a Jesús, por lo que debo decir algo sobre el sufrimiento y el aferramiento. Un libro honesto sobre Jesús que no se refiere al sufrimiento no es un libro honesto.

Seguramente habrás notado que hemos entrado en una era de gran sufrimiento en la Tierra. Más de un millón de niños ingresan a la prostitución cada año y se los obliga a tener encuentros sexuales con adultos que dejan su psiquis hecha trizas. Un solo caso es abominable; diez son una atrocidad. No tengo palabras para cientos de miles de estos casos. En un viaje reciente a África, un amigo vio a chicas jóvenes recostadas en las aceras por la noche, cubiertas por apenas una manta, que ofrecían su cuerpo por treinta centavos.

En la actualidad hay 143.000.000 de huérfanos en el mundo. Hay 35 millones de personas con VIH. Actualmente, hay 27 millones de almas esclavizadas —la mayor cantidad de la historia. Además, hay guerras, terremotos, hambrunas. No hace falta que continúe, seguramente verás las noticias. Jesús nos advirtió sobre esto. Antes de morir, sus enseñazas se volvieron muy sobrias —no se convertirían en un éxito de ventas en este mundo de «dime *ya* cómo hacer que mi vida funcione».

Oirán de guerras y de amenazas de guerras, pero no se dejen llevar por el pánico. Es verdad, esas cosas deben suceder, pero el fin no vendrá inmediatamente después. Una nación entrará en guerra con otra, y un reino con otro reino. Habrá hambres y terremotos en muchas partes del mundo. Sin embargo, todo eso es sólo el comienzo de los dolores del parto, luego vendrán más. Entonces los arrestarán, los perseguirán y los matarán.

En todo el mundo los odiarán por ser mis seguidores. Muchos se apartarán de mí, se traicionarán unos a otros y se odiarán. Aparecerán muchos falsos profetas y engañarán a mucha gente. Abundará el pecado por todas partes, y el amor de muchos se enfriará; pero el que se mantenga firme hasta el fin será salvo. […]Miren, que les he advertido esto de antemano. (MATEO 24:6-13, 25 NTV)

Bien… este hombre sí que sabe adónde apuntar. Si algo como esto iba a suceder, el único gesto amoroso posible es clamar una advertencia. No haré predicciones apocalípticas, pero quiero señalar lo siguiente: el sufrimiento inunda la tierra como una marea alta. Esto no es algo que simplemente vemos en las noticias. En los últimos seis meses, prácticamente todas las personas a las que quiero atravesaron un oscuro valle de sufrimiento, al igual que mi familia. Te apuesto que, si piensas en diez personas que conozcas, seis deben de estar pasando una prueba difícil en este momento.

Cuando un amigo me llamó desde el hospital, sabía que se trataría de algo malo. Hubo llanto y un pedido desesperado de oración. Su hermano menor, recién casado, estaba a punto de someterse a una cirugía repentina y riesgosa por un agresivo tumor cerebral. El pronóstico era muy malo. Su familia estaba sufriendo; les llegaban oraciones urgentes de muchas personas. Sabía que se acercaba una temporada de sufrimiento para todos los involucrados: angustia, confusión y todos los terribles peligros que siguen de cerca al dolor. Cuando hay dolor en una vida, el sufrimiento reverbera en muchas; se multiplica y acrecienta. Esto es algo que no nos dicen las estadísticas.

Presta mucha atención (el padre de la estación busca a tientas esas últimas palabras): El sufrimiento intentará separarte de Jesús. No debes permitírselo.

La peor parte del sufrimiento es el daño que puede hacerle a la manera en que ves a Dios y a tu relación con él. Aparecen sentimientos de abandono *¿Por qué dejaste que sucediera?* Ira, pérdida de la esperanza, desconfianza, abandono. En el momento en que más lo necesites, más forzado te sentirás a alejarte de Jesús o sentirás que él se alejó de ti. Esto es lo que el libro de Hebreos intenta evitar.

Hay una teología popular dando vueltas que dice que un cristiano puede evitar el sufrimiento. (Es fácil entender porqué es popular esta idea. La mayoría de nosotros la adoptamos, aun sin darnos cuenta —simplemente, observa tu reacción cuando la vida se te vuelve en contra). Se trata de una herejía devastadora, porque el sufrimiento llegará y ¿qué harás entonces? El suelo se mueve bajo tus pies y sacude tu fe en Dios porque creías que eso no sucedería, que no debía suceder. Te deja confundido; hasta puede dejarte derrumbado por un tiempo si creías que podías escapar.

Ten cuidado, ten mucho cuidado y presta atención a la manera en que *interpretas* tu sufrimiento. No saques conclusiones apresuradas. La interpretación es fundamental. Ten cuidado con los acuerdos que hagas. Es allí donde el enemigo puede destruirte. Me refiero a aceptar cosas como *Dios me abandonó; es mi culpa; hice algo mal* y montones de cosas parecidas. Si has estado haciendo esta clase de acuerdos, debes romperlos. De otro modo, permitirán que se cree un abismo entre tú y Jesús.

Busca un gran paso adelante por todos los medios posibles. Son muchos los cristianos que simplemente se quiebran ante las dificultades y permiten que surjan sensaciones de abandono. Ora para que esto no te suceda, ora con ahínco. Si se trata de un ataque del enemigo, gran parte de esto puede evitarse mediante la oración. Mediante la vida de Jesús en nosotros también encontraremos mucha sanación. No te rindas. Si el avance crucial no parece llegar, si el dolor permanece, recuerda:

> Pues, cuanto más sufrimos por Cristo, tanto más Dios nos colmará de su consuelo por medio de Cristo. (2 CORINTIOS 1:5)

Tu sufrimiento no es un sinsentido ni tampoco es algo aislado. De alguna manera, el sufrimiento de Jesús se desbordó hasta llegar a nuestras vidas; de algún modo, nuestras vidas están vinculadas a esto. Este es un gran honor. Les da a nuestras penas una dignidad increíble. Nos invita a reconocer una intimidad y una conexión con Jesús en ellas, *debido* a ellas. Los sufrimientos de Jesús son la parte más noble de la historia de su vida: la cruz, la corona de espinas. Qué indescriptible honor que lo compartiera con nosotros. Esta camaradería es un tesoro que aún no hemos aprovechado pero que necesitaremos en algún momento.

Cuando su sufrimiento se desborda en nuestras vidas, la promesa de Dios es que su consuelo también se desbordará sobre nosotros. Podemos clamar por el consuelo de Dios. No importa en qué circunstancias te encuentres, él *sanará* tu corazón herido; te *consolará*. Aférrate a él. «Me aferro a ti; tu fuerte mano derecha me mantiene seguro» (Salmo 63:8). Él está contigo ahora, porque su nombre es fiel y verdadero.

De modo que esto es lo que Hebreos intenta decir: no pierdas el ánimo debido a tu sufrimiento; aférrate a Jesús.

Haz lo que sea necesario para volver a fijar la mirada en este Admirable Forajido. «Digo su nombre cada vez que uso las escaleras de casa», me dijo mi amiga Becky. «Cuando subo o bajo, digo el nombre de Jesús en cada escalón».

«¿Cuántas veces lo haces?»

Se rió. «Ah, un montón. Subo o bajo esas escaleras unas veinte veces al día. Me acerca a él».

Esa es la idea. Encuentra esas cosas que te ayudan a acordarte de Jesús. Vuelve tu corazón a él a lo largo del día. Cuando lo haces, su presencia se vuelve más real, su amor puede venir a ti y su vida puede llenar la tuya.

Yo intento llevar un CD con mi música de adoración preferida en el automóvil. En mi escritorio, tengo una colección inconexa de cosas: varias piedras, un pedazo de madera encontrado a la deriva, algunas plumas de halcón, una concha marina, una punta de flecha. Son todos recordatorios e íconos de la venida de Dios a mí. De su venida a por mí. Viene a buscarme *Él no me falla*. Necesito toda la ayuda que pueda conseguir. Tengo notas, fragmentos de las Escrituras, palabras de Jesús pegadas en todas partes de la oficina, incluso en el espejo del cuarto de baño. Ahora hasta me las escribo en la mano. Lo que haga falta.

Lo que más le gustaría al enemigo sería que cerraras el libro, te marcharas y te olvidaras. Si lo leíste todo de una vez, es como si hubieras conducido a través de Praga a 90 millas por hora (145 km/h). Sería justo decir que te perdiste de algunas cosas. Vuelve atrás. Sumérgete en él una vez más. Vuelve a leer estas historias y ejemplos de su personalidad y, al hacerlo, dile que lo amas: «Amo esto sobre ti, Jesús. Muéstrame esto en mi vida; sé tú mismo conmigo». A medida que lo observes en estas páginas, dite a ti mismo: *Tengo la oportunidad de vivir así. Este es el Jesús que ahora vive en mí; esta vida está dentro de mí.*

Anoche, en una reunión aquí, en nuestra casa, me filmaron mientras leía algunos pasajes de este libro a un puñado de amigos. Creo que esos videos te ayudarán a experimentar a Jesús con mayor profundidad. Puedes encontrarlos en www.beautifuloutlaw.net.

«Sin un amigo no puedes vivir mucho tiempo», dijo Thomas à Kempis, «y si Jesús no es tu amigo, debes estar triste y desolado sobre todas las cosas». Tal vez no reconozcamos nuestra desolación como lo que es realmente —ansias de Jesús. Quizá la malinterpretemos como desilusión ante los amigos o el cónyuge, como desasosiego, soledad o hasta depresión. El alma humana se hizo para la amistad con Jesús, y si no la tenemos… pues, no importa lo que sí tengamos. De modo que aférrate a él, fija tu mirada en él.

¿Qué es lo que esperas que suceda con Jesús?

Este fue el cierre de una entrevista. Casi como una ocurrencia tardía, el entrevistador me lanzó esta última pregunta. Honestamente, me desestabilizó. Durante un momento largo, vergonzosamente largo —el tiempo que toma sobrepasar un camión en la carretera—

no supe qué decir. El corazón se aceleró para ponerse a la altura de la realidad que asumía la pregunta. *¿Qué espero que suceda con Jesús?* Me quedé asombrado por cuán poco había pensado en esto. Eso era lo embarazoso. Si bien amo a Jesús profundamente, no había pensado en nuestro futuro juntos; me dediqué en cambio a intentar hacer que mi vida funcionara (y luego, el sufrimiento simplemente me hizo enojar y perder el aliento). Como un chapuzón helado, la pregunta me sacudió y me hizo consciente de que *realmente creo* que veré a Jesús cara a cara. Un día cercano: más pronto que tarde. Entonces, mi corazón comenzó a pasar de la vergüenza a una esperanza increíble: no solo veré a Jesús, ¡sino que compartiré mi vida con él!

Hacia el final de sus días en la Tierra, cuando la oscuridad del Jueves y Viernes Santos se acercaban a él, Jesús hizo esta extraordinaria promesa:

> —Les aseguro —respondió Jesús— que en la renovación de todas las cosas, cuando el Hijo del hombre se siente en su trono glorioso, ustedes que me han seguido se sentarán también en doce tronos para gobernar a las doce tribus de Israel. Y todo el que por mi causa haya dejado casas, hermanos, hermanas, padre, madre, hijos o terrenos, recibirá cien veces más y heredará la vida eterna. (MATEO 19:28-29)

¿Entendiste eso? ¡La renovación del mundo! La niebla religiosa nos quiere hacer creer que, cuando morimos, vamos a la iglesia para siempre, a entonar himnos durante milenios. Una distorsión horrible; ese *no* es el futuro tal como lo veía Jesús. Él llamó al capítulo siguiente «la renovación del mundo». Un cielo renovado, una Tierra renovada. Amigo, espero que entiendas que volveremos a recibir todo este glorioso reino. El brillo del sol en el agua, el canto de las aves en el bosque, las arenas del desierto bajo la luz de la luna, las vides justo antes de la cosecha. Jesús pretende restaurar completamente el mundo glorioso que nos dio. Paraíso perdido, paraíso recuperado. Cien veces.

Esto es en lo que pensaba, mientras pasaba la copa a sus hermanos en la sala alta apenas unas horas antes de Getsemaní y la Gestapo, cuando dijo: «Les digo que no beberé de este fruto de la vid desde ahora en adelante, hasta el día en que beba con ustedes el vino nuevo en el reino de mi Padre» (Mateo 26:29). Jesús estaba tan seguro como de todo lo que sabía que llegaría un nuevo día y, con él, un reino glorioso. Sabía también que allí volveríamos a tener un festín —no solo cantos— y a levantar nuestras copas y que él interrumpiría su ayuno. Comida, bebida, risas, vida. El gozo ante él. Lo de Caná fue solo un anticipo.

Al leer este verso, mi hijo Blaine sintió empatía hacia Jesús: *Llevas mucho tiempo esperando ese vaso de vino*. Con su tono irónico y alegre, Jesús contestó *Y que lo digas*.

Regresemos a la entrevista. Finalmente, respondí «Pesca submarina». Sé que este hermoso mundo volverá a ser nuestro, al igual que Jesús y todo el tiempo que podamos imaginar para divertirnos juntos. Belleza, intimidad, aventura. Las mismas cosas que nos fueron dadas en el inicio de los tiempos. Pero, honestamente, más que todo eso, tan solo espero verlo a él, mirarlo a los ojos, abrazarlo como lo abrazó Pedro en la playa y no soltarlo por un muy buen rato.

Ahora, te hago esta pregunta a ti: ¿Qué esperas que suceda con Jesús? Le hará bien a tu corazón dejar que tus esperanzas fluyan en esta dirección.

Mientras tanto, convierte al amor por Jesús en un hábito. Deja que sea él mismo contigo. Deja que su vida llene la tuya. Ah, y una cosa más (el tren ya comienza a alejarse). ¿Recuerdas lo que Jesús le dijo a Jolie cuando llegaron a la cima de la montaña juntos? Ella vio que pululaban montones de personas allí, y Jesús dijo «Preséntame».

Esta es una de las maneras en que lo amamos: le presentamos a otras personas. Si este libro te ha resultado útil, pásaselo a algunos amigos. Hay muchas personas con una necesidad desesperada de conocer a este Admirable Forajido.

Hasta el segundo Caná.

AGRADECIMIENTOS

Mi más sincero agradecimiento a Rielynn Simons por su investigación; a Rolf Zettersten, Joey Paul, y el equipo de FaithWords; y a Sealy y Curtis Yates. Todo mi amor para todos aquellos que me han ayudado a conocer a este Jesús, un Admirable Forajido.

Notas

CAPÍTULO 1: LA ALEGRÍA DE DIOS Y EL VENENO DE LA RELIGIÓN

1. David J. Duncan, *The River Why* [El río del porqué] (San Francisco: Sierra Club Books, 1983), pp. 14-15, en letra cursiva en el original.
2. George Macdonald, *Unspoken Sermons: Series I, II, and III* [Sermones tácitos: Series I, II y III] (Charleston, SC: BiblioBazaar, 2006), p. 261.

CAPÍTULO 3: ¿JESÚS ES REALMENTE ALEGRE?

1. Frederick Buechner, *Telling the Truth: The Gospel as Tragedy, Comedy, and Fairy Tale* [Decir la verdad: El evangelio como tragedia, comedia y cuento de hadas] (New York: HarperCollins, 1977), pp. 49-50.

CAPÍTULO 4: FIRME PROPÓSITO

1. C. S. Lewis, *Perelandra* (Santiago de Chile: Editorial Andrés Bello, 1995), p. 15.

2. Ibídem, p. 16.

3. Ibídem, pp. 16 y 18.

4. G. K. Chesterton, *El hombre eterno* (Madrid: Ediciones Cristiandad, 2006), pp. 239-240.

5. Ibídem, pp. 263-264.

CAPÍTULO 5: EL ROSTRO MÁS HUMANO
DE TODOS

1. Brennan Manning, *Abba's Child: The Cry of the Heart for Intimate Belonging* [El hijo de Abba: Llanto del corazón por una estrecha pertenencia] (Colorado Springs: NavPress, 2002), p. 89.

2. G. K. Chesterton, *El hombre eterno* (Madrid: Ediciones Cristiandad, 2006), p. 235.

3. Eugene H. Peterson, *Christ Plays in Ten Thousand Places: A Conversation in Spiritual Theology* (Grand Rapids: Eerdmans, 2005), pp. 35, 59. Versión castellana: *Cristo actúa en diez mil lugares: Una conversación sobre teología espiritual* (Miami, Patmos, 2010).

CAPÍTULO 6: GENEROSIDAD EN ABUNDANCIA

1. Bonaventure, *The Soul's Journey into God* [El viaje del alma a Dios], ed. Ewert H. Cousins (Mahwah, NJ: Paulist Press, 1978), pp. 30, 69.

CAPÍTULO 7: SINCERIDAD PERTURBADORA

1. M. Scott Peck, *La nueva psicología del amor* (Barcelona: Emecé, 1997), p. 51.

CAPÍTULO 8: UNA LIBERTAD ESCANDALOSA

1. Paul Johnson, *Jesus: A Biography from a Believer* [Jesús: Biografía de un creyente] (New York: Viking, 2010).
2. Dorothy Sayer. Se desconoce la fuente específica.

CAPÍTULO 11: AUTENTICIDAD

1. C. S. Lewis, *El caballo y el muchacho, Las crónicas de Narnia V* (Santiago de Chile: Editorial Andrés Bello, 1992), pp. 88-89.

CAPÍTULO 13: AMAR A JESÚS

1. G. K. Chesterton, *San Francisco* (Madrid: Encuentro, 1999), pp. 13-14.

CAPÍTULO 15: DESPEJA LA NIEBLA RELIGIOSA

1. Eugene H. Peterson, *Christ Plays in Ten Thousand Places: A Conversation in Spiritual Theology* (Grand Rapids: Eerdmans, 2005), pp. 34-35. Versión castellana: *Cristo actúa en diez mil lugares: Una conversación sobre teología espiritual* (Miami, Patmos, 2010).
2. Edna St. Vincent Millay, «To Jesus on His Birthday» («A Jesús en su cumpleaños») en *Poetry Society of America Anthology,* ed. A. Bonner (Nueva York: Fine Editions, 1946), pp. 151-152.

CAPÍTULO 16: DEJA QUE JESÚS SEA ÉL MISMO: ENCUENTROS

1. San Agustín, *Confesiones* (México D. F.: Editorial Lectorum S.A. de C.V., 2006), p. 126.

2. Joseph Mary Plunkett, «I See His Blood upon the Rose» [Veo su sangre en la rosa], en *Poems* (Ithaca, NY: Cornell University Library, 2009), p. 50.

CAPÍTULO 17: DEJA QUE SU VIDA LLENE LA TUYA

1. Visita www.borealforest.org.
2. George Macdonald, *Unspoken Sermons: Series I, II, and III* [Sermones tácitos: Series I, II y III] (Charleston, SC: BiblioBazaar, 2006), p. 209.
3. MacDonald, *Unspoken Sermons,* pp. 158, 320-321.
4. Dallas Willard, *The Spirit of the Disciplines: Understanding How God Changes Lives* (Nueva York: HarperCollins, 1988), p. 38, cursiva en el original. Versión castellana: *El espíritu de las disciplinas: ¿Cómo transforma Dios la vida?* (Editorial Vida, 2010).
5. San Agustín, *Confesiones* (México D. F.: Editorial Lectorum S.A. de C.V.), 2006.
6. Oswald Chambers, *En pos de lo supremo* (Colombia: Centros de Literatura Cristiana, 2003), Marzo 25.
7. Algernon C. Swinburne, «Hymn to Proserpine» [Himno a Proserpina] en *Poems and Ballads and Atalanta in Calydon,* ed. Kenneth Haynes (Nueva York: Penguin, 2000), p. 57.